TITULARIZAÇÃO DE CRÉDITOS

Nota dos Autores:
* As opiniões expressas não vinculam, de modo nenhum, a Comissão do Mercado de Valores Mobiliários.

DIOGO LEITE DE CAMPOS
Professor Catedrático da Faculdade de Direito de Coimbra
Advogado

MANUEL MONTEIRO
Director adjunto do Departamento
de Registo de Entidades da CMVM*

TITULARIZAÇÃO DE CRÉDITOS

Anotações ao Decreto-Lei n.º 453/99,
de 5 de Novembro

ALMEDINA

TÍTULO:	TITULARIZAÇÃO DE CRÉDITOS
AUTORES:	DIOGO LEITE DE CAMPOS E MANUEL MONTEIRO
EDITOR:	LIVRARIA ALMEDINA – COIMBRA www.almedina.net
DISTRIBUIDORES:	LIVRARIA ALMEDINA ARCO DE ALMEDINA, 15 TELEF. 239 851900 FAX 239 851901 3004-509 COIMBRA – PORTUGAL LIVRARIA ALMEDINA – PORTO RUA DE CEUTA, 79 TELEF. 22 2059773 FAX 22 2039497 4050-191 PORTO – PORTUGAL EDIÇÕES GLOBO, LDA. RUA S. FILIPE NERY, 37-A (AO RATO) TELEF. 21 3857619 FAX 21 3844661 1250-225 LISBOA – PORTUGAL LIVRARIA ALMEDINA ATRIUM SALDANHA LOJA 31 PRAÇA DUQUE DE SALDANHA, 1 TELEF. 21 3712690 atrium@almedina.net LIVRARIA ALMEDINA – BRAGA CAMPOS DE GUALTAR UNIVERSIDADE DO MINHO 4700-320 BRAGA TELEF. 253 678 822	braga@almedina.net
EXECUÇÃO GRÁFICA:	G.C. – GRÁFICA DE COIMBRA, LDA. PALHEIRA – ASSAFRAGE 3001-453 COIMBRA Email: producao@graficadecoimbra.pt MAIO, 2001
DEPÓSITO LEGAL:	164837/01

Toda a reprodução desta obra, por fotocópia ou outro qualquer processo, sem prévia autorização escrita do Editor, é ilícita e passível de procedimento judicial contra o infractor.

NOTA PRÉVIA

Os Autores foram, durante o período de elaboração dos estudos preparatórios que conduziram ao presente Decreto-Lei, respectivamente, Administrador do Banco de Portugal com o Pelouro dos Assuntos Jurídicos e Adjunto do Secretário de Estado do Tesouro e das Finanças. Tiveram, pois, especial responsabilidade, o primeiro na elaboração pessoal de alguns dos estudos preparatórios, e na coordenação do conjunto de tais estudos; o segundo, na análise do ante-projecto recebido do Banco de Portugal e das contribuições provenientes de diversas entidades, nomeadamente da Comissão do Mercado de Valores Mobiliários.

Foi com muito prazer que assistiram à publicação do Decreto-Lei nº 452/99 de 5 de Novembro, prestando homenagem ao legislador e às pessoas e instituições que contribuíram para a sua elaboração e publicação. Tendo a consciência clara que se trata só de um primeiro passo, embora importante, no caminho da titularização de créditos em Portugal. Que haverá que aprofundar tecnicamente, e através da criação de outros "veículos" da titularização, como a "propriedade fiduciária" ("trust").

O ordenamento jurídico é um dos principais instrumentos do progresso económico e social: os Estados que disponham de ordenamentos jurídicos mais justos e eficazes têm importante vantagem competitiva.

Este sentido do Direito é ainda mais perceptível e socialmente sentido no campo financeiro.

Pelo que o Direito Português da titularização deverá vir a estar entre os mais eficazes – se não puder ser o mais eficiente.

Sem esquecer a imperiosa necessidade de progresso, as anotações que se seguem não visam criticar o Direito constituído. Mas, unicamente, explicá-lo de acordo com a experiência dos Autores. Constituindo, espera-se, um instrumento útil para o prático da titularização que necessita de um esclarecimento sucinto sobre o âmbito e o sentido das normas.

Diogo Leite de Campos
Manuel Monteiro

LISTA DE ABREVIATURAS UTILIZADAS

Todos os artigos citados sem indicação da fonte referem-se ao Decreto-Lei n.º 453/99, de 5 de Novembro, também designado apenas por *Regime*.

RGICSF: Regime Geral das Instituições de Crédito e Sociedades Financeiras, aprovado pelo Decreto-Lei n.º 298/92, de 31 de Dezembro e alterado pelo Decreto-Lei n.º 246/95, de 14 de Setembro, pelo Decreto-Lei n.º 232/96, de 5 de Dezembro, pelo Decreto-Lei n.º 222/99, de 22 de Junho e pelo Decreto-Lei n.º 250//2000, de 13 de Outubro.

CVM: Código dos Valores Mobiliários, aprovado pelo Decreto-Lei n.º 486/99, de 13 de Novembro.

RjFIM: Decreto-Lei n.º 276/94, de 2/11, alterado pelos Decretos-Leis n.ºˢ 308/95, de 20/11, 323/97, de 26/11 e 323/99, de 13/8.

RjFII: Decreto-Lei n.º 294/95, de 17 de Novembro, alterado pelo Decreto-Lei n.º 323/97, de 26/11.

CSC: Código das Sociedades Comerciais, aprovado pelo Decreto-Lei n.º 262/86, de 2 de Setembro e alterado pelos Decretos-Leis n.ºˢ 184/87, de 21/4, 280/87, de 8/7, 229-B/88, de 4/7, 142-A//91, de 10/4, 238/91, de 2/7, 225/92, de 21/10, 20/93, de 26/1, 261/95, de 3/10, 328/95, de 9/12, 257/96, de 31/12, 343/98, de 6/11, 486/99, de 13/11 e 36/2000, de 14/3.

DECRETO-LEI Nº 453/99
de 5 de Novembro

O presente decreto-lei estabelece o regime jurídico das operações de transmissão de créditos com vista à subsequente emissão, pelas entidades adquirentes, de valores mobiliários destinados ao financiamento das referidas operações. Regula-se igualmente a constituição e a actividade das duas únicas entidades que poderão proceder à titularização de créditos: os fundos de titularização de créditos e as sociedades de titularização de créditos.

O primeiro dos veículos de titularização mencionados, considerando a natureza de património autónomo que reveste, implica o estabelecimento de regras especiais de funcionamento das respectivas sociedades gestoras.

Introduz-se, assim, no ordenamento jurídico português a figura da titularização de créditos, facultando um relevante instrumento financeiro, largamente difundido – e frequentemente utilizado – nas economias mais desenvolvidas, aos agentes económicos, em geral, e, em particular, ao sistema financeiro. Dota-se a economia de um importante factor de competitividade e o mercado de capitais de um factor de dinamização e diversificação.

A titularização de créditos, usualmente conhecida por *securitização*, consistindo, no essencial, numa agregação de créditos, sua autonomização, mudança de titularidade e emissão de valores representativos, conheceu os seus primeiros desenvolvimentos nos Estados Unidos, no início da década de 80, tendo sido já objecto de tratamento legislativo na generalidade dos Estados membros da Comunidade Europeia. A sua utilização tem sido reconhecidamente bem sucedida, rapidamente se assumindo como relevante factor de competitividade das economias.

Embora os principais agentes da titularização sejam instituições financeiras, também sociedades comerciais de maior dimensão e entidades públicas têm recorrido, de modo crescente, à titularização de créditos, assim vendo diminuir os seus riscos e custos de obtenção de financiamentos. Os operadores de mercado, por seu lado, encontram nestas operações novas oportunidades de investimento, mediante a colocação de títulos no mercado e a respectiva rentabilização, permitindo aos investidores finais a obtenção de rendimentos indexados ao valor dos créditos.

No novo regime permite-se que procedam à titularização de créditos instituições financeiras, entidades públicas – desde que as regras que lhes sejam especialmente aplicáveis o não impeçam – e outras pessoas colectivas cuja situação financeira seja devidamente acompanhada e reunam determinadas condições. Relativamente ao sector segurador, atenta a específica natureza da actividade e as soluções adoptadas em outros países, delimita-se o universo de créditos que podem ser objecto de cessão no âmbito de operações de titularização. Impõe-se, no geral, para que possam ser transmitidos para veículos de titularização, que os créditos reunam um conjunto de requisitos, procurando-se garantir a segurança e transparência das operações, bem como a tutela dos interesses dos devedores, em particular dos consumidores de serviços financeiros, dos investidores e da supervisão das instituições financeiras.

Com efeito, a concretização de operações de titularização fica dependente de um prévio e rigoroso controlo de legalidade, o qual é exercido no momento da emissão dos valores mobiliários, sejam as unidades de titularização de fundos, sejam as obrigações a emitir pelas sociedades de titularização.

Também sujeitos a prévia autorização e a permanente acompanhamento ficam os veículos de titularização – fundos, sociedades gestoras e sociedades de titularização –, tendo-se optado, com essa preocupação, por posicionar os entes societários dentro do sistema financeiro.

Prevêem-se exames mais aprofundados das operações e informação mais detalhada sobre as mesmas caso se destinem à comercialização pública, designadamente com procedimentos de notação de risco e respectiva divulgação.

De um prisma de supervisão das instituições financeiras cedentes, sujeita-se a realização das transmissões a prévia autorização das competentes entidades de supervisão.

Quanto aos legítimos direitos dos devedores, especialmente dos consumidores de serviços financeiros, consagram-se normas que visam a neutralidade da operação perante estes. É o que sucede, nomeadamente, no que respeita à manutenção, pela instituição financeira cedente, de poderes de gestão dos créditos e das respectivas garantias. Com efeito, em relação aos devedores, a titularização dos créditos não implica a diminuição de nenhuma das suas garantias, continuando aqueles, no que ao sector financeiro respeita e não obstante a ausência de notificação da cessão, a manter todos os seus direitos e todo o seu relacionamento com a instituição financeira cedente.

A competitividade do instrumento financeiro à luz da natureza do mesmo – que permite a transferência, em massa, de créditos – e a sua viabilidade estão presentes nas regras sobre os procedimentos formais da cessão e sobre a tutela acrescida dos créditos titularizados.

Não se permite que os créditos sejam retransmitidos pelos veículos de titularização – salvo em casos excepcionais –, permitindo-se apenas a circulação dos mesmos entre sociedades de titularização ou destas para os fundos.

As sociedades de titularização só podem financiar a respectiva actividade por recurso a capitais próprios e a emissões de obrigações, tendo-se criado uma categoria específica de obrigações – as obrigações titularizadas – que permitem obter uma afectação exclusiva de conjuntos de créditos às responsabilidades emergentes da emissão das mesmas, tendo-se igualmente acautelado a modificação da estrutura accionista destas sociedades na pendência de emissões de obrigações, assim se visando acautelar potenciais conflitos de interesses entre accionistas e obrigacionistas.

Julgou-se conveniente não introduzir elementos de rigidez desnecessários na montagem de operações com recurso a fundos, permitindo-se que o regulamento de gestão, com grande amplitude, estabeleça, dentro da moldura legal definida, os direitos a conferir às unidades de titularização, admitindo-se a conveniência, numa mesma operação, de unidades de diversas categorias.

Assim:

Nos termos da alínea a) do n° 1 do artigo 198° da Constituição, o Governo decreta, para valer como lei geral da República, o seguinte:

CAPÍTULO I
TITULARIZAÇÃO DE CRÉDITOS

Artigo 1.º
Âmbito

1 – O presente decreto-lei estabelece o regime das cessões de créditos para efeitos de titularização e regula a constituição e funcionamento dos fundos de titularização de créditos, das sociedades de titularização de créditos e das sociedades gestoras daqueles fundos.
2 – Consideram-se realizadas para efeitos de titularização as cessões de créditos em que a entidade cessionária seja um fundo de titularização de créditos ou uma sociedade de titularização de créditos.

ANOTAÇÕES

<u>Número 1</u>

1 – O presente Decreto-Lei compreende quatro matérias: a cessão de créditos para efeitos de titularização; os fundos de titularização de créditos; as sociedades de titularização de créditos; as sociedades gestoras de fundos de titularização de créditos.

2 – O ante-projecto que deu origem ao presente diploma compreendia mais duas matérias: a propriedade fiduciária ("trusts") (vd. Maria João Carreiro Vaz Tomé e Diogo Leite de Campos, A propriedade fiduciária ("Trust") – Estudo para a sua introdução em Direito português, Almedina, Coimbra, 1999) e as "cédulas de crédito".

Os "trusts" são muito usados (mais, são imprescindíveis) em matéria de titularização de créditos e de outros activos ("securitization") nos EUA e em diversos outros ordenamentos jurídicos de carácter anglo-saxónico ou continental (como a Argentina). Normalmente, o credor cede os créditos a uma sociedade que os coloca no mercado através de "trusts", em número, dimensão e características adequadas à procura. O que permite um fácil e económico "fatiamento" ("slicing") da carteira de créditos, em termos de taxa de juro, risco e vencimento. Objectivo que o presente Decreto-Lei procura através do instrumento, mais grosseiro e menos flexível dos fundos de investimento/sociedade gestora, em que as relações assumem um carácter (quase) fiduciário; e da possibilidade de os fundos serem representados por unidades de titularização com características diversas, nomeadamente quanto ao rendimento. Enquanto que os "trusts" derivados do "slicing" da carteira apresentam características diversas também quanto ao prazo e, sobretudo, ao risco.

As "cédulas de crédito", inspiradas proximamente do Direito brasileiro, permitiriam ultrapassar os problemas levantados pela transmissão das garantias associadas aos créditos cedidos.

Seriam títulos de crédito, transmissíveis por endosso, incorporando uma promessa de pagamento e as garantias acessórias, reais e pessoais. Também tais garantias se transmitiriam por endosso. A hipoteca seria registada com a indicação de que seria transmissível por endosso com o título.

3 – O presente Decreto-Lei regula só a titularização dos créditos, e não de outros activos. Enquanto que nos EUA, por ex., a "securitization" compreende a generalidade dos activos. O que permite, nomeadamente, a sua utilização no campo dos seguros.

4 – A palavra "titularização" é nova em Direito português e, mesmo, na língua portuguesa. Pretendeu-se, com este neologismo, denominar com rigor o instituto, distinguindo-o de outros. Na esteira de diversos direitos europeus que utilizam palavras radicalmente próximas. E afastar o anglicanismo "securatização".

5 – O Decreto-Lei regula o procedimento de cessão de créditos e os cessionários (fundos de titularização de créditos e sociedades de titularização de créditos).

6 – O regime jurídico estabelecido vem na esteira dos regimes francês e belga, estando próximo do regime espanhol, embora com uma abundância de regulamentação superior à deste.

Número 2

7 – A cessão de créditos para efeitos de titularização contem normas especiais perante a cessão de créditos em geral. Normas que só se aplicam quando a cessão de créditos o for para efeitos de titularização.

Nenhuma pessoa ou património pode adquirir créditos para titularização se não for uma das reguladas no presente Decreto-Lei. E presume-se "iuris et de iure" que as aquisições de créditos feitas por fundos de titularização de créditos ou por sociedades de titularização de créditos o são para efeitos de titularização. Aplicando-se-lhes, portanto, as normas de cessão de créditos para titularização (vd. art.º 3).

Artigo 2.º
Entidades cedentes

1 – Podem ceder créditos para efeitos de titularização o Estado e demais pessoas colectivas públicas, as instituições de crédito, as sociedades financeiras, as empresas de seguros, os fundos de pensões, as sociedades gestoras de fundos de pensões bem como outras pessoas colectivas cujas contas dos três últimos exercícios tenham sido objecto de certificação legal por auditor registado na Comissão do Mercado de Valores Mobiliários (CMVM).

2 – Em casos devidamente justificados, designadamente por se tratar de pessoa colectiva cuja lei pessoal seja estrangeira, a CMVM pode autorizar a substituição da certificação referida no número anterior por documento equivalente, nomeadamente por relatório de auditoria realizada por auditor internacionalmente reconhecido, contanto que sejam devidamente acautelados os interesses dos investidores e adequadamente analisada a situação da pessoa colectiva.

ANOTAÇÕES

Remissões para outras normas:
N.º 1 – Artigos 3.º e 6.º do RGICSF.
Artigos 2.º, 1, b) e 7.º do Decreto-Lei n.º 94-B/98 de 17 de Abril.
Artigos 2.º e 34.º do Decreto-Lei n.º 475/99 de 9 de Novembro.
Artigo 23.º do Decreto-Lei n.º 558/99 de 17 de Dezembro.
Artigos 262.º, 2, 413.º, 5, 451.º, 3 e 4 e 453.º do Código das Sociedades Comerciais.
Artigo 42.º, 1, b) do Decreto-Lei n.º 487/99 de 16 de Novembro.
Artigo 9.º, 1 do Código dos Valores Mobiliários.

N.º 2 – Artigo 9.º, 2 do Código dos Valores Mobiliários.
Artigo 45.º do Decreto-Lei n.º 487/99 de 16 de Novembro.
Artigo 227.º, 5 do Código dos Valores Mobiliários.

Número 1

1 – O número 1 enuncia as entidades que podem ceder créditos.
A exemplo das legislações mais recentes, o leque de entidades cedentes é muito alargado, quase esgotando todo o elenco das pessoas colectivas (sobre esta matéria, vd. Manuel Monteiro, "O recente regime português da Titularização de Créditos", in Diogo Leite de Campos "et alii", Titularização de Créditos, Instituto de Direito bancário, Lisboa, 2000, pp. 194-198, n.º 1.1).

2 – No sector público, a cessão é permitida a todas as pessoas colectivas públicas, desde o Estado às entidades públicas empresariais previstas no artigo 23.º do Decreto-Lei n.º 558/99 de 17 de Dezembro. Passando pelas Regiões Autónomas e Autarquias Locais.

3 – Seguem-se as instituições de crédito, que são as previstas no artigo 3.º do Regime Geral das Instituições de Crédito e Sociedades Financeiras (RGICSF).

4 – Seguem-se também as sociedades financeiras, previstas no artigo 6.º do RGICSF ou em legislação avulsa.

5 – Note-se que a generalidade das sociedades financeiras não pode conceder créditos, pelo que, em princípio, não poderão proceder à titularização de créditos.

Exceptuem-se, por ex., a Finangeste – Empresa Financeira de Gestão e Desenvolvimento, SA que poderá ceder para titularização os créditos que adquira.

6 – Na prática, os principais cedentes serão os bancos, nomeadamente quanto ao crédito imobiliário e proveniente de cartões de crédito ou de crédito ao consumo em geral.

As sociedades de locação financeira também se incluem, em diversos Estados, entre os principais cedentes de créditos para titularização. Bem como as sociedades de locação de automóveis (que não são sociedades financeiras).

Também as sociedades de "factoring" poderão ceder para titularização os créditos que adquiram.

7 – No sector segurador, nomeadamente, tanto as empresas de seguros como os fundos de pensões e as respectivas sociedades gestoras poderão ceder créditos para titularização.

8 – Sendo sociedades financeiras, em especial, e pessoas colectivas em geral, as sociedades gestoras de fundos de investimentos poderão ceder créditos para titularização.

9 – A cessão de créditos para titularização é ainda permitida às demais pessoas colectivas, sociedades comerciais, fundações e cooperativas, e entidades públicas empresariais previstas no artigo 23.º do Decreto-Lei n.º 558/99 de 17 de Dezembro.

Isto independentemente da forma jurídica das sociedades (por quotas, anónimas…) ou da sua dimensão.

Alarga-se, assim, a titularização aos créditos das pequenas e médias empresas.

Exige-se, porém, que as contas da pessoa colectiva em causa (pessoa colectiva não prevista nas outras categorias do elenco do parágrafo 1) referente aos três últimos exercícios tenham sido objecto de certificação legal por auditor registado na Comissão do Mercado de Valores Mobiliários (CMVM).

Pretendeu-se deste modo, fornecer ao público informação sobre a situação financeira da entidade garantida por uma análise de qualidade.

Indirectamente, exige-se que a pessoa colectiva esteja constituída há, pelo menos, três anos. O que permite pressupor a sua estabilidade e a continuidade da sua organização financeira.

10 – Estão obrigadas à revisão legal das contas todas as sociedades anónimas (n.ºs 3 e 4 do artigo 451.º, n.º 2 do artigo 453.º e n.º 5 do artigo 413.º do Código das Sociedades Comerciais).

Também estão obrigadas à revisão legal das contas as sociedades por quotas que tenham conselho fiscal e as que, não o tendo, assumam uma determinada dimensão (n.º 2 do artigo 262.º do CSC na redacção que lhe foi dada pelo artigo 2.º do Decreto-Lei n.º 343/98 de 6 de Novembro).

Também estão sujeitas à revisão legal das contas as demais pessoas colectivas, públicas e privadas, com a dimensão prevista no artigo 262.º do CSC, desde que, nos termos da lei aplicável, devam ter contabilidade organizada.

11 – Podem ser registados, na CMVM, como auditores as sociedades de revisores oficiais de contas e os revisores oficiais de contas, desde que comprovem a respectiva idoneidade, independência e competência técnica (n.º 4 do artigo 50.º do Regime Jurídico dos Revisores Oficiais de Contas e n.º 1 do artigo 9.º do Código dos Valores Mobiliários).

Número 2

12 – Os requisitos previstos na parte final do número 1 podem ser substituídos por autorização da CMVM para substituição de certificação legal de contas por documento equivalente.

13 – O documento equivalente pode ser, desde logo, relatório de auditoria elaborado por auditores internacionalmente reconhecidos. Será o caso de sociedade estrangeira que pretende ceder créditos em Portugal para titularização.

O documento equivalente, pelas características da entidade que o emite e pelo seu conteúdo, deve ser substancialmente equivalente à revisão legal de contas.

14 – As contas do cedente podem estar certificadas por auditores não registados na CMVM. Esta lacuna pode ser preenchida por uma auditoria às contas nos termos do artigo 45.º do Regime Jurídico dos ROC, por auditores registados na CMVM (vd. Manuel Monteiro, ob. cit., pág. 197).

15 – Finalmente, as contas podem não estar certificadas, por não haver obrigação legal nesse sentido.

Nestes casos (que virão a ter pouco relevo prático – Manuel Monteiro, ob. cit., págs. 197/8), poderá ser o documento equivalente um relatório de auditoria às contas por auditor registado na CMVM (vd. n.º14). Tal relatório deverá revelar uma contabilidade organizada a traduzir um grau suficiente de estrutura e organização (vd. Manuel Monteiro, ob. cit., pág. 197).

16 – O requisito dos três anos de existência das pessoas colectivas não parece ultrapassável. A não ser que a pessoa colectiva nova resulte de transformação, fusão ou cisão de pessoas colectivas anteriores. Neste caso, terá de se apreciar tal requisito em termos de continuidade da sociedade em relação à sociedade ou às sociedades que lhe deram origem. A verificação dos requisitos em relação a uma das sociedades resultantes da fusão ou à sociedade cindida, poderá ser suficiente, por analogia com o previsto no artigo 227.º, 5, do Código dos Valores Mobiliários (vd. Manuel Monteiro, ob. cit., pág. 198).

Artigo 3.º
Entidades cessionárias

Só podem adquirir créditos para titularização:
   a) **Os fundos de titularização de créditos;**
   b) **As sociedades de titularização de créditos.**

ANOTAÇÕES

1 – As entidades que podem proceder à titularização de créditos são só as indicadas neste artigo: fundos de titularização de créditos e sociedades de titularização de créditos.

2 – O elenco deste artigo é mais restritivo do que o do Direito dos EUA ou dos ordenamentos jurídicos nele inspirados. Falta, desde logo e principalmente, o "trust".

3 – Vd. notas aos artigos 9.º e seguintes.

Artigo 4.º
Créditos susceptíveis de titularização

1 – Só podem ser objecto de cessão para titularização créditos em relação aos quais se verifiquem cumulativamente os seguintes requisitos:
   a) **A transmissibilidade não se encontrar sujeita a restrições legais ou convencionais;**
   b) **Serem de natureza pecuniária;**
   c) **Não se encontrarem sujeitos a condição;**

d) Não se encontrarem vencidos;
e) Não serem litigiosos, não se encontrarem dados em garantia nem judicialmente penhorados ou apreendidos.

2 – Podem ainda ser cedidos para titularização créditos futuros desde que emergentes de relações jurídicas constituídas e de montante conhecido ou estimável.

3 – Sem prejuízo do disposto nos números anteriores, as empresas de seguros, os fundos de pensões e as sociedades gestoras de fundos de pensões só podem ceder para titularização:
   a) Créditos hipotecários;
   b) Créditos sobre o Estado ou outras pessoas colectivas públicas;
   c) Créditos de fundos de pensões relativos às contribuições dos respectivos participantes, sem prejuízo do benefício a atribuir a estes.

4 – A cessão deve ser plena, não pode ficar sujeita a condição nem a termo, salvo nos casos previstos no n.º 2 do artigo 28.º, de subscrição incompleta de unidades de titularização ou de obrigações emitidas por sociedade de titularização de créditos não podendo o cedente, ou entidade que com este se encontre constituída em relação de grupo ou de domínio, conceder quaisquer garantias ou assumir responsabilidades pelo cumprimento, sem prejuízo, em relação aos créditos presentes, do disposto no n.º 1 do artigo 587.º do Código Civil.

5 – O disposto no número anterior não prejudica a possibilidade de os créditos serem garantidos por terceiro ou o risco de não cumprimento transferido para empresa de seguros.

6 – A entidade cedente fica obrigada a revelar ao cessionário todos os factos susceptíveis de pôr em risco a cobrança dos créditos que sejam, ou razoavelmente devessem ser, do seu conhecimento à data de produção de efeitos da cessão.

ANOTAÇÕES

Remissão para outras normas:
   N.º 1, alínea a) – Artigo 29.º da Lei Geral Tributária.
         alínea d) – Artigos 780.º e 781.º do Código Civil.
         alínea e) – Artigo 579.º, 3 do Código Civil.
   N.º 3, alínea a) – Artigos 13.º, 2, h) e 41.º, c) e d) do Decreto-Lei n.º 475//99 de 9 de Novembro.
   N.º 4 – Artigos 28.º, 2 e 34.º, 5.

1 – A cessão de créditos pode ter como objecto a totalidade do crédito ou uma parte (artigo 577.º do Código Civil). A cessão de uma parte do crédito não é vedada pelo artigo 4.º do presente Decreto-Lei.

2 – A cessão de créditos pode estar vedada por convenção das partes (artigo 577.º do Código Civil) contemporânea da constituição do crédito ou posterior a ela. "Se o cessionário adquiriu o crédito desconhecendo tal pacto, não é admissível que o devedor possa recusar-lhe o pagamento só porque esse pacto existia: o que o devedor poderá é, nos termos gerais, exigir do cedente a reparação do dano que lhe causou a cessão" (Vaz Serra, Cessão de créditos, BMJ, n.º especial de 1955, n.º 7). Neste sentido vem dispor o n.º 2 do artigo 577.º.

Número 1

3 – O número 1 do presente artigo estabelece os requisitos a que devem obedecer os créditos objecto de cessão para titularização. Tais requisitos, segundo a letra da norma, devem verificar-se "cumulativamente".

4 – Do disposto no número 2 resulta, quanto aos requisitos do crédito, que se deve tratar de créditos presentes. Dado que o número 2 prevê a titularização de créditos futuros sujeitando-a a algumas limitações.

5 – (Alínea a) As restrições convencionais à transmissibilidade dos créditos resultarão do negócio da constituição do crédito ou de qualquer negócio posterior onde tais restrições se prevejam.

6 – De entre as restrições legais, há que salientar duas grandes categorias: os créditos "intuitu personae" e os créditos de impostos.

Os créditos "intuitu personae", constituídos em função de um certo sujeito activo, só têm sentido enquanto o sujeito activo se mantiver o mesmo. Não podendo, pois, ser cedidos. Será o caso dos créditos de alimentos (dos filhos, dos esposos, etc.).

Os créditos de impostos também não podem ser cedidos, a não ser quando a lei o permitir (artigo 29.º da Lei Geral Tributária). Haverá, pois, quanto a eles uma restrição legal.

Sucede que a lei do orçamento do Estado ou leis especiais têm permitido a cessão de certos créditos de impostos (aqui compreendidos os que surgem no âmbito da Segurança Social). Muitos destes, créditos já vencidos.

Quando a lei permita a cessão de créditos de imposto, então estes poderão ser titularizados, uma vez verificados os requisitos dispostos no presente parágrafo. Não se verificarão todos estes requisitos e, portanto, o crédito não poderá ser titularizado, se já estiver vencido (vd. sobre esta matéria, Manuel Monteiro, ob. cit., pág. 199).

7 – (Alínea b) A natureza pecuniária, prevista na alínea b), não se confunde com o caracter patrimonial.

Os créditos cedidos para titularização devem ter como objecto uma quantia em dinheiro.

Não bastará que tenham carácter patrimonial – sendo o seu objecto constituído pela entrega de uma coisa.

8 – (Alínea c) A condição, prevista na alínea c), tanto pode ser suspensiva como resolutiva. Trata-se de uma disposição destinada a proteger os adquirentes dos valores fundados nesses créditos.

9 – (Alínea d) Os créditos nascem para se extinguir através do cumprimento (ou de outro modo adequado à sua extinção, como a prescrição).

Se o crédito se extinguir pelo cumprimento ou modo equivalente, então não se põe o problema da sua cessão.

O problema põe-se em relação aos créditos já vencidos mas não extintos (pelo cumprimento ou outro modo). Serão créditos em mora. Estes não podem ser cedidos para titularização, como medida de protecção para os adquirentes dos títulos.

Trata-se de uma norma que não existe em muitos ordenamentos jurídicos.

Assim, entre nós poderia a lei ter conferido competência regulamentar conjunta aos Ministros das Finanças e da Justiça, por ex., para estabelecerem os termos e condições em que fosse permitida a titularização de créditos vencidos. A consagração dessa competência poderia ser acompanhada de restrições quanto à comercialização dos valores fundados em créditos com aquelas características, reservando, por ex., a possibilidade da sua detenção a investidores especialmente qualificados.

10 – Se a obrigação puder ser liquidada em duas ou mais prestações, a falta de realização de uma delas importa o vencimento de todas (artigo 780.º do Código Civil). Nestes termos, as prestações futuras, considerando-se vencidas, não podem ser objecto de cessão para titularização (vd. Manuel Monteiro, ob. cit., pág. 198).

Na mesma ordem de ideias, considerar-se-ão vencidas as obrigações em que o devedor tenha perdido o benefício do prazo, por um credor exigir o cumprimento imediato da obrigação quando o devedor se tornou insolvente, ainda que a insolvência não tenha sido judicialmente declarada, ou se, por causa imputável ao devedor, diminuírem as garantias prometidas (artigo 780.º do Código Civil).

11 – (Alínea e) "Diz-se litigioso o direito que tiver sido contestado em juízo contencioso, ainda que arbitral, por qualquer interessado" (artigo 579.º, 3 do Código Civil).

Dada a mera referência a créditos litigiosos na alínea e) do artigo em análise, não se poderá ir mais longe. Não se poderá compreender aqui, nomeadamente, o caso em que tenha havido uma troca de cartas entre credor e devedor pondo em causa a existência, o montante ou outras características do crédito. Tanto mais que a lei só alargou expressamente – e julgo que taxativamente – as restrições aos créditos dados em garantia ou judicialmente penhorados ou apreendidos.

E não se deverá ir mais longe do que isto.

Nomeadamente, não se poderá considerar crédito litigioso o crédito a prestações ainda não vencidas, por o credor não ter exercido os direitos previstos no artigo 780.º do Código Civil, embora uma prestação anterior não tenha sido cumprida.

Contudo, todos estes problemas deverão ser comunicados de acordo com as regras de boa fé, ao cessionário e à entidade que proceda à "notação" ("rating") dos créditos.

12 – A proibição da presente disposição, ultrapassa o que vem estatuído no artigo 579.º do Código Civil. Aqui só se proibe a cessão de direitos litigiosos a certas pessoas. No presente artigo, a proibição é geral. No Código Civil pretende proteger-se o cedente. Enquanto que a alínea e) visa tutelar os interesses dos cessionários ou, mais precisamente, os detentores dos valores representativos dos créditos.

13 – A sanção para a violação do disposto na alínea e) será a nulidade do negócio. Sujeitando-se o cedente e o cessionário a reparar os danos causados, nos termos gerais.

Poderão ser os danos sofridos pelo cessionário, se este estiver de boa fé, e dos detentores de valores provenientes de titularização desses créditos. Ou só estes últimos, o que sucederá se o cessionário não estiver de boa fé, ou se os créditos tiverem sido adquiridos para um fundo.

14 – Parece-nos que se devem aplicar aqui as excepções à proibição da cessão contidas no artigo 581.º do Código Civil. Com efeito, tais excepções visam proteger o cessionário, tutelando os seus direitos.

15 – São de incluir neste parágrafo os créditos penhorados ou arrestados, por clara analogia com o disposto na alínea e).

16 – A proibição de cessão dos créditos dados em garantia ou judicialmente penhorados ou apreendidos destina-se a proteger os seus cessionários.

Não estão aqui compreendidos os créditos que podem, em princípio, ser objecto de impugnação pauliana ou se encontram no património de um cedente susceptível de vir a ser declarado falido (ver notas ao artigo 8.º).

Número 2

17 – A transmissibilidade de créditos futuros para titularização não se confunde com a possibilidade de se cederem, em geral, créditos futuros. Esta última decorre da liberdade contratual. A primeira está sujeita às limitações do presente número 2.

18 – Créditos futuros são aqueles que não existem, no momento em causa, sendo previsível, de acordo com as regras da experiência ou normas legais ou contratuais aplicáveis, que venham a surgir no futuro. Ou então, aqueles créditos que não estão na titularidade do cedente ao tempo da cessão (vd. artigo 211.º do Código Civil).

19 – Créditos futuros são aqueles ainda não surgidos mas que venham a originar-se "prorata temporis". (Carlos Alberto Mota Pinto, Cessão da Posição Contratual, Coimbra, 1982, pág. 226).

20 – Não se poderão transmitir créditos futuros sempre que a lei o proíba, ou proíba a prestação de coisa futura (vd. artigo 399.º do Código Civil).

21 – São configuráveis como créditos futuros, por ex., o direito às prestações a vencer no caso de locação ou locação financeira de bens, por ex. Ou aqueles em relação aos quais o termo previsto na lei ou no contrato ainda não se verificou.
Tais créditos não suscitam dificuldades por serem emergentes de relações jurídicas constituídas e de montante conhecido.

22 – O problema põe-se quanto aos créditos futuros decorrentes de relações jurídicas constituídas, como a relação jurídica de cartão de crédito, o fornecimento de gaz, água ou electricidade, mas cujo montante não seja conhecido.
Neste caso basta que o montante seja estimável. Este último conceito não significa que esse montante seja determinável com rigor. Bastará que, de acordo com a experiência passada, estudos de previsão, etc., se possa alcançar um montante provável.
Estamos aqui dentro do requisito geral da determinação da prestação, previsto, nomeadamente, no artigo 400.º do Código Civil.

23 – "A relação jurídica constituída poderá ser, na interpretação que sustentamos, não aquela da qual em rigor, emerge o próprio crédito a ceder – por exemplo, a prestação de um serviço – mas sim uma outra da qual resulta, para o cedente, com um mínimo de segurança, a possibilidade de constituição daquelas outras relações jurídicas". (Manuel Monteiro, ob. cit., pág. 201).
Nesta ordem de ideias, são transmissíveis para titularização, os créditos futuros decorrentes da utilização de cartões de crédito, de relações de prestação de fornecimentos de água, luz ou gaz, da utilização da "via verde" em auto-estradas, etc. O que interessa é a possibilidade da constituição de relações de crédito com base em tais relações jurídicas; e a estimabilidade do montante dos créditos (vd. sobre esta matéria, Manuel Monteiro, ob. cit., págs. 201/2).
No caso de o crédito não se vir a constituir ou o seu montante ser inferior ao previsto, o risco correrá por conta do cessionário, dado que a cessão tem de ser plena (artigo 4.º, 4). Para diminuir ou eliminar este risco – que deve ser

levado em conta na notação dos créditos – são praticadas diversas técnicas, como a transmissão com desconto, ou o cedente adquirir parte dos valores emitidos com a cláusula de só receber o rendimento ou o reembolso depois de todos os outros titulares terem sido satisfeitos.

Número 3

24 – O número terceiro estabelece requisitos suplementares para a cessão de créditos para efeitos de titularização pelo sector segurador.

25 – Quanto à alínea b) há que notar que a menção de créditos sobre o Estado ou outras pessoas colectivas públicas é muito geral, quer no plano subjectivo quer no plano objectivo.

Assim, além do Estado estão compreendidas todas as outras pessoas colectivas públicas. Depois, são transmissíveis todos os créditos, seja qual for a sua natureza, atenta só a pessoa do devedor.

26 – O Decreto-lei n.º 475/99 de 9 de Novembro permite a concessão de crédito hipotecário, aos participantes e a terceiros, pelas sociedades gestoras de fundos de pensões, por conta do fundo ou por conta própria da sociedade, desde que no caso de concessão de crédito pela sociedade os devedores sejam os respectivos trabalhadores (artigo 13.º, 2, h) e 41.º, c) e d).

27 – Os fundos de pensões, e só estes, poderão ceder para titularização créditos de que não sejam devedoras pessoas colectivas públicas nem sejam garantidos por hipoteca. Desde que representem créditos relativos às contribuições dos seus participantes (al. c).

Contudo, parece de aceitar também a cessão para titularização dos créditos relativos a todas as contribuições para os fundos, independentemente da pessoa do devedor.

Esta interpretação permitiria abranger as contribuições de todos os contribuintes (al. c) do artigo 6.º do Decreto-Lei n.º 475/99), abarcando os planos de pensões não contributivos (vd. Manuel Monteiro, ob. cit., pág. 200).

Número 4

28 – A estatuição de que a cessão deve ser plena, não ficando sujeita a condição ou a termo (etc.) leva em conta os interesses do sistema financeiro. Os bancos e demais instituições de crédito, mas sobretudo aqueles, têm interesse em se libertar de parte das suas carteiras de créditos, para diminuir os riscos, melhorar as rácios de solvabilidade, etc. Isto só é possível, ou só é completamente possível, se não mantiverem vínculos com os créditos cedidos, nomeadamente se não garantirem o cumprimento. E é natural que os cessionários façam pressão sobre os bancos naquele sentido. Pelo que a presente disposição impede os cedentes de assumirem qualquer obrigação nesse sentido.

29 – Com a cessão da obrigação principal devem transmitir-se os juros vincendos, mas não necessariamente os vencidos (vd. sobre esta matéria, Carlos Alberto Mota Pinto, ob. cit., pág. 162).

30 – Os cedentes podem, quanto aos créditos presentes, garantir a existência e a exigibilidade do crédito ao tempo da cessão (artigo 587.º, 1 do Código Civil). Mas já não poderão garantir a solvência do devedor.

31 – Quanto aos créditos futuros, o cedente não garante nem a existência do crédito nem a solvência do devedor.

Número 5

32 – Apesar de o cedente não poder garantir os créditos cedidos, nos termos do disposto no número 4, estes podem ser garantidos por terceiro que não se enquadre no previsto no número 4, ou o risco do não cumprimento pode ser transferido para a empresa de seguros.

Número 6

33 – A obrigação indicada no número 6 decorreria sempre do dever da boa fé. No caso presente, tem particular importância para protecção de terceiros adquirentes dos valores representativos desses créditos e que devem estar informados por uma notação desses créditos assente em factos completos (vd. artigo 27.º, n.os 3 e 4).

34 – O cedente é obrigado a entregar ao cessionário os documentos e outros meios probatórios do crédito que estejam na sua posse e em cuja conservação não tenha interesse legítimo, dispõe o artigo 586.º do Código Civil. Em qualquer caso, o cessionário pode obrigar o cedente a dar-lhe conhecimento dos documentos, a mostrar-lhos, a permitir que deles sejam retiradas cópias (Pires de Lima e Antunes Varela, Código Civil Anotado, I, 4.ª ed., com a col. de M. Henrique Mesquita, Coimbra, 1987, anot. ao artigo 586.º).

Artigo 5.º
Gestão dos créditos

1 – Quando a entidade cedente seja instituição de crédito, sociedade financeira ou empresa de seguros, deve ser sempre celebrado, simultaneamente com a cessão, contrato pelo qual aquela fique obrigada a praticar todos os actos que se revelem adequados à boa gestão dos créditos, todas as relações com os respectivos devedores e os actos conservatórios relativos à boa gestão dos créditos e, se for o caso, das respectivas garantias, a assegurar os serviços de cobrança,

os serviços administrativos relativos aos créditos, todas as relações com os respectivos devedores e os actos conservatórios relativos às garantias, caso existam.

2 – Nas demais situações a gestão dos créditos pode ser assegurada pelo cedente ou por terceira entidade idónea.

3 – Quando o gestor dos créditos não for o cessionário, a oneração e a alienação dos créditos são sempre expressa e individualmente autorizadas por aquele.

4 – Sem prejuízo da responsabilidade das partes, o contrato de gestão de créditos objectos de titularização só pode cessar com motivo justificado, devendo a substituição da entidade gestora, nesse caso, realizar-se com observância do disposto nos números anteriores.

5 – Em caso de falência do gestor dos créditos, os montantes que estiverem na sua posse decorrentes de pagamentos relativos a créditos cedidos para titularização não integram a massa falida.

ANOTAÇÃO

Número 1

1 – A cessão para titularização de grandes massas de créditos põe dois problemas principais: o da sua gestão; o da transmissão das garantias reais, sujeitas a registo, que lhes estejam associadas.

O cessionário pode não ter os meios necessários para gerir grandes massas de créditos; e o cedente, dispondo de tais meios, terá interesse em manter essa gestão mediante uma adequada remuneração.

Por outro lado, e dado que os cedentes serão, em muitos casos, instituições de crédito, os devedores terão interesse em que o seu interlocutor seja uma instituição de crédito que já conhecem e de necessária idoneidade, dados os requisitos de que a lei cerca a sua constituição e funcionamento.

Por outro lado, a transmissão de garantias sujeitas a registo envolve normalmente um prazo considerável e custos.

Pelo que se poderá seguir a via de o cedente continuar a ser, perante o devedor, o titular da garantia, gerindo o crédito e esta. Evitando-se delongas e custos.

Dadas as facilidades concedidas pelo artigo 7.º à transmissão de garantias, a principal razão fundamentante do artigo 5.º será a primeira (vd. anotação seguinte).

2 – O disposto no número 1 é imperativo: a entidade cedente, quando for uma instituição de crédito, sociedade financeira ou empresa de seguros, será a gestora dos créditos, incluindo as respectivas garantias. O cedente e o cessio-

nário não poderão dispor em sentido contrário. O que revela aqui um interesse que transcende as partes da cessão, e que é o dos devedores, mas também dos adquirentes dos valores representativos dos créditos. Interessa que seja a instituição de crédito, a sociedade financeira ou a empresa de seguros, a gerir os créditos pela qualidade pressuposta dos seus serviços.

3 – O contrato de gestão de créditos deve ter o conteúdo mínimo previsto no número 1. O contrato deverá atribuir ao cedente a gestão corrente ou ordinária dos créditos e respectivas garantias. Mas já não poderes de alienação ou oneração dos créditos.

A alienação e a oneração serão sempre expressa e individualmente autorizadas pelo cedente (vd. número 3 do presente artigo).

4 – No caso de não ser celebrado o contrato de gestão simultaneamente com o contrato de cessão, este último não produzirá efeitos entre as partes e perante terceiros, até à celebração desse contrato de gestão.

5 – A presente disposição não alargou a obrigação de gerir os créditos às sociedades gestoras de fundos de pensões. Se tais sociedades gozam de eficácia imediata e simultânea do contrato em relação a si e aos seus devedores, devem ser obrigadas a gerir tais créditos (vd. Paulo Câmara, Operação de titularização, in Diogo Leite Campos "et alii", Titularização de Créditos, Instituto de Direito Bancário, Lisboa, 2000, p. 86). Vd. anotação ao n.º 6.

Número 2

6 – Quando o cedente não for uma instituição de crédito, uma sociedade financeira ou uma empresa de seguros, não é obrigatório que seja o cedente a gerir os créditos. Assim, um mesmo cessionário pode ter a sua carteira de créditos sujeita a diferentes regimes de gestão – o que é susceptível de levantar sérias dificuldades.

7 – O terceiro que presta serviços de gestão dos créditos pode ser uma entidade idónea e que disponha dos meios adequados para gerir os créditos, não sendo necessário que seja uma instituição de crédito.

Número 3

8 – O cessionário só poderá ser gestor de créditos se o cedente não for uma instituição de crédito, uma sociedade financeira ou uma empresa de seguros.

Se não se verificarem os pressupostos do número 1, o cessionário pode assumir a gestão dos créditos ou contrata-la com outrem.

Quando não for o cessionário a gerir os créditos, a alienação e oneração destes tem de ser autorizada expressa e individualmente pelo cessionário.

Número 4

9 – O não cumprimento do disposto no contrato de gestão de créditos ou a sua denúncia sem motivo justificado, envolvem responsabilidade civil. Assim, se o cedente/gestor de créditos não gerir adequadamente os créditos lesando a confiança que o cessionário e terceiros nele depositaram, o contrato pode ser denunciado pelo cessionário. Mesmo que tenha sido celebrado ao abrigo do disposto no número 1 do presente artigo. Envolvendo o não cumprimento responsabilidade civil do gestor para com os lesados.

Mas o contrato não pode ser denunciado por qualquer das partes sem motivo justificado.

10 – No caso de o contrato cessar, deverá ser contratado um novo gestor ou o cessionário assumir essa gestão. Mesmo que o contrato tenha sido celebrado ao abrigo do disposto no número 1.

Número 5

11 – O disposto neste número enquadra-se na tutela dos interesses do cessionário e dos adquirentes dos títulos representativos dos créditos. Vd. anotação ao artigo 8.º.

Artigo 6.º
Efeitos da cessão

1 – Sem prejuízo do disposto no n.º 4, a eficácia da cessão para titularização em relação aos devedores fica dependente de notificação.

2 – A notificação prevista no número anterior é feita por carta registada enviada para o domicílio do devedor constante do contrato do qual emerge o crédito objecto de cessão, considerando-se, para todos os efeitos, a notificação realizada no 3.º dia útil posterior ao do registo da carta.

3 – A substituição da entidade gestora dos créditos, de acordo com o n.º 4 do artigo 5.º, deve ser notificada aos devedores nos termos previstos no número anterior.

4 – Quando a entidade cedente seja instituição de crédito, sociedade financeira, empresa de seguros, fundo de pensões ou sociedade gestora de fundo de pensões, a cessão de créditos para titularização produz efeitos em relação aos respectivos devedores no momento em que se tornar eficaz entre o cedente e o cessionário, não dependendo do conhecimento, aceitação ou notificação desses devedores.

5 – Dos meios de defesa que lhes seria lícito invocar contra o cedente, os devedores dos créditos objecto de cessão só podem opor ao cessionário aqueles que provenham de facto anterior ao momento em que a cessão se torne eficaz entre o cedente e o cessionário.

6 – A cessão de créditos para titularização respeita sempre o estipulado nos contratos celebrados com os devedores dos créditos, designadamente quanto ao exercício dos respectivos direitos em matéria de reembolso antecipado, cessão da posição contratual e subrogação, mantendo estes todas as relações contratuais exclusivamente com o cedente, caso este seja uma das entidades referidas no n.º4.

ANOTAÇÕES

Remissão para outras normas:
   N.º 1 – Artigo 583.º do Código Civil.
   N.º 3 – Artigo 5.º, n.º 4.
   N.º 4 – Artigo 5.º, n.º 1.
   N.º 5 – Artigo 585.º do Código Civil.

1 – A cessão de créditos entre o cedente e o cessionário opera-se por contrato. Este está sujeito a um regime jurídico que conhece algumas alterações em relação ao disposto nos artigos 577.º e seguintes do Código Civil.

Em tudo o que não contrarie as normas (especiais, perante a cessão em geral) do presente Decreto-Lei, a cessão regula-se pelo disposto nos artigos 577.º e seguintes do Código Civil.

2 – De acordo com o disposto no artigo 4.º, 4, a cessão deve ser plena, não ficando sujeita a condição ou a termo, sem prejuízo do disposto no artigo 28.º, 2 (vd. anotações a este artigo).

3 – Na falta de convenção em contrário, a cessão de créditos importa a transmissão, para o cessionário, das garantias e outros acessórios do direito transmitido que não sejam inseparáveis da pessoa do cedente (artigo 582.º, 1, do Código Civil). A coisa empenhada que estiver na posse do cedente será entregue ao cessionário, mas não a que estiver na posse de terceiro (n.º2).

4 – A cessão de créditos para titularização não pode pôr em causa os deveres de sigilo profissional dos cedentes e cessionários e dos seus trabalhadores, nomeadamente quando se tratar de instituições de crédito.

Os elementos sobre o devedor poderão, e eventualmente, deverão ser comunicados à entidade que procede à titularização, tanto mais que esta é uma sociedade financeira. Bem como à entidade que vá proceder à notação dos créditos. Mas tais elementos só poderão ser transmitidos na medida em que interessarem para conhecer o risco do crédito (Vd. sobre esta matéria Manuel Monteiro, ob. cit., pág. 193). Vd. artigo 4.º, 6.

Poderá ser que este sigilo se mantenha, nos termos do contrato ou do dever de boa fé, depois de o crédito já ter sido cedido.

5 – Mantem-se, nos quadros de liberdade contratual, a faculdade de se cederem créditos para "titulação" ("securitization " ou "securitização") embora não nos quadros do presente diploma e sem as garantias para terceiros que este proporciona.

As sociedades de "factoring", através da emissão de acções ou de obrigações podem "titular" os créditos que adquiram (vd. o Decreto-Lei n.º17/95 de 18 de Julho). Também as obrigações hipotecárias podem "titular" o crédito imobiliário (Decreto-Lei n.º 125/90 de 16 de Abril).

Número 1

6 – A eficácia da cessão para titularização em relação aos devedores fica dependente de notificação (vd., no mesmo sentido, o artigo 583.º do Código Civil).

Número 2

7 – O número dois vem regular a forma de notificação da cessão.

Número 3

8 – Também a substituição da entidade gestora dos créditos deve ser notificada aos devedores.

Número 4

9 – O disposto neste número vem estabelecer uma excepção à regra do número 1, em termos de a cessão, para produzir efeitos em relação ao devedor, não ter de lhe ser notificada nem sequer tendo de ser conhecida dele.

Esta norma justifica-se, antes de mais, pelo facto de se tratar, em regra, de cedência de créditos em massa, em que a notificação poderia envolver demoras e encargos.

Depois, e talvez sobretudo, por a generalidade dos cedentes previstos neste número manter necessariamente a gestão dos créditos. Pelo que, perante o devedor, o credor aparente será o cedente, sem que isto lhe cause transtornos.

Note-se que os créditos transmitidos por fundos de pensões ou por sociedades gestoras de fundos de pensões não estarão abrangidos pelo texto do artigo 5.º, 1: obrigatoriedade legal de gestão pelo cedente. Contudo, parece que se deve aplicar a tais entidades, por interpretação extensiva, tal obrigatoriedade (vd. Manuel Monteiro, ob. cit., pág. 204).

Número 5

10 – A regra geral, constante do artigo 585.º do Código Civil, é a de que o devedor pode opôr ao cessionário, ainda que este os ignorasse, todos os meios de defesa que lhe seria lícito invocar contra o cedente, com ressalva dos que provenham do facto posterior ao conhecimento da cessão.

Com base no artigo 6.º, n.º 5, estabelecem-se restrições aos meios de defesa que o devedor poderia invocar contra o cessionário. Assim, os devedores só podem invocar contra o cessionário, de entre os meios de defesa que poderiam invocar contra o cedente, aqueles que provenham de facto anterior ao momento em que a cessão se tornou eficaz entre o cedente e o cessionário.

Note-se que, no caso de créditos transmitidos nos termos do número 4, o devedor não estará, normalmente, em condições de conhecer o momento em que a cessão se tornou eficaz entre o cedente e o cessionário. Podendo vir a invocar, sem sucesso, meios de defesa posteriores àquele momento. O que põe o problema de saber se o cedente e/ou o cessionário não serão responsáveis pelos danos sofridos pelo devedor.

11 – O devedor pode invocar contra o cessionário os meios de defesa que lhe assistem derivados das suas relações com este, em qualquer momento, nomeadamente uma compensação de créditos. Isto resulta das regras gerais do Direito Civil, nomeadamente quanto à compensação de créditos, e não é obstaculizado pelo disposto nos artigos 585.º do Código Civil ou 6.º, 5 do presente diploma.

Número 6

12 – A posição contratual do devedor mantém-se inalterada depois da cessão, a não ser no que se refere à mudança do credor.

Assim, o devedor mantém todos os seus direitos, deveres, ónus, etc.

13 – No caso de o cessionário não ser o gestor de créditos, mantendo-se nesta função o cedente, o n.º 6 dispõe que as relações devedor-credor serão estabelecidas só com o cedente, que continuará a ocupar a posição de credor, embora aja por conta (e eventualmente em nome do credor, se a cessão tiver sido notificada, o que o n.º 4 não impede).

Artigo 7.º
Forma do contrato de cessão de créditos

1 – O contrato de cessão dos créditos para titularização pode ser celebrado por documento particular, ainda que tenha por objecto créditos hipotecários.

2 – Para efeitos de averbamento no registo da transmissão dos créditos hipotecários, ou outras garantias sujeitas a registo, o docu-

mento particular referido no número anterior constitui título bastante, desde que contenha o reconhecimento presencial das assinaturas nele apostas, efectuado por notário ou, se existirem, pelos secretários das sociedades intervenientes.

3 – Ficam isentos de quaisquer taxas e emolumentos os registos referidos no número anterior.

4 – O disposto nos números anteriores aplica-se igualmente às transmissões efectuadas nos termos da alínea b) do artigo 11.º, do n.º 5 do artigo 38.º e do artigo 41.º.

ANOTAÇÕES

Remissões para outras normas:
N.º 1 – Artigos 363.º e 578.º do Código Civil.
N.º 4 – Artigos 11.º, b), 38.º, 5 e 41.º.

1 – A cessão de créditos e das respectivas garantias é susceptível de envolver custos elevados e demoras que podem inviabilizar a operação. Particularmente quando o crédito se constituir por escritura pública, caso em que o contrato de cessão se deve operar por documento equivalente (artigo 578.º, 1 do Código Civil). Ou quando há uma cessão de créditos hipotecários, e a hipoteca recaia sobre bens imóveis, caso em que deve constar de escritura pública (n.º 2). Acrescentar-se o registo da transmissão da hipoteca e facilmente se concluirá que a cessão de grandes massas de créditos hipotecários e consequente registo da hipoteca encontrará sérias dificuldades pelas formalidades envolvidas, demoras e custos inerentes.

Pelo que a lei portuguesa – bem como as leis estrangeiras que podem servir de exemplo ocuparam-se em abrandar a forma exigida (e os respectivos custos) para a cessão para titularização de créditos e respectivas garantias.

É este o objectivo do presente artigo 7.º.

Número 1

2 – O número um vem contrariar o disposto no artigo 578.º do Código Civil. Qualquer contrato de cessão de créditos pode ser celebrado por documento particular, mesmo que o crédito tenha sido constituído por escritura pública ou tenha por objecto créditos hipotecários.

Número 2

3 – Também no número 2 se prevê o aligeiramento das formalidades, agora para efeitos de averbamento no registo da transmissão dos créditos hipotecários ou de outras garantias sujeitas a registo.

Número 3

4 – O número 3 vem isentar de taxas e emolumentos os registos referidos no número 2.

Número 4

5 – O número 4 estende as mesmas exigências de forma e a isenção de taxas e emolumentos às transmissões efectuadas nos termos da alínea b) do artigo 11.º, do n.º 5 do artigo 38.º e do artigo 41.º, todos do presente Decreto-Lei.

Trata-se das transmissões, por fundos ou por sociedades de titularização, de créditos em relação aos quais se tenham revelado vícios ocultos ou de créditos vencidos – em nosso entender ainda que, neste último caso, o transmitente seja fundo de titularização. Também das transmissões de créditos detidos pelo fundo no âmbito do respectivo processo de liquidação. Ainda, da cessão de créditos detidos por sociedades de titularização, para outras sociedades ou para fundos.

Artigo 8.º
Tutela dos créditos

1 – A cessão de créditos para titularização:
   a) Só pode ser objecto de impugnação pauliana no caso de os interessados provarem a verificação dos requisitos previstos nos artigos 610.º e 612.º do Código Civil, não sendo aplicáveis as presunções legalmente estabelecidas, designadamente no artigo 158.º do Código dos Processos Especiais de Recuperação da Empresa e de Falência;
   b) Não pode ser resolvida em benefício da massa falida, excepto se os interessados provarem que as partes agiram de má-fé.

2 – Não fazem parte da massa falida do cedente os montantes pagos no âmbito de créditos cedidos para titularização anteriormente à falência e que apenas se vençam depois dela.

ANOTAÇÕES

N.º 1: Arts. 156.º e 158.º do Código dos Processos Especiais de Recuperação da Empresa e de Falência (CPEREF), aprovado pelo Decreto-Lei n.º 132//93, de 23 de Abril, rectificado pela Declaração de Rectificação n.º 141/93, de 31/7 (Suplemento), e alterado pelo Decreto-Lei n.º 157/97, de 24 de Junho e pelo Decreto-Lei n.º 315/98, de 20 de Outubro.

Arts. 432.º a 436.º e 612.º do Código Civil.

N.º 2: Art. 5.º, n.º 5.

Número 1

1 – *(Alínea a))* O **contrato de cessão de créditos** é afastado do rol de actos que podem ser resolvidos em benefício da massa falida, nos termos do art. 156.º do CPEREF. Repare-se que apenas seriam subsumíveis ao âmbito de previsão da citada norma as cessões em que o cessionário seja sociedade de titularização dominada pelo cedente entretanto declarado falido.

A resolução dos contratos de cessão para titularização é possível mas apenas, nos termos gerais, se os interessados – o liquidatário – fizerem prova da má-fé das partes, o que lhe parece conferir natureza judicial (vide, sobre o tema, Manuel Monteiro, ob. cit., p. 211).

2 – *(Alínea b))* Afastam-se, também em relação ao **contrato de cessão de créditos,** e ainda em relação às cessões a sociedade de titularização dominada por cedente entretanto falido, as presunções de má-fé estabelecidas no art. 158.º do CPEREF, aplicando-se-lhes igualmente o regime geral, designadamente o art. 612.º do Código Civil.

Número 2

3 – Todos os **montantes entregues ao cedente – ou ao gestor** – pelos devedores dos créditos cedidos para titularização e a estes respeitantes são subtraídos à massa falida do cedente ou do gestor falidos, assim se garantindo que essa eventual falência em nada afecta a operação de titularização – não obstante se tratar de montantes que se encontrariam na posse daquelas entidades a título meramente transitório uma vez que devem ser de imediato entregues à guarda do depositário do fundo ou à sociedade de titularização.

4 – Em caso de **falência do veículo de titularização,** importará distinguir a situação dos detentores de unidades de titularização em fundo dos detentores de obrigações emitidas por sociedade e, entre estes últimos, os obrigacionistas comuns dos detentores de obrigações titularizadas.

Aos detentores das unidades de titularização aproveita a natureza jurídica do fundo – património autónomo – da qual resulta a completa autonomia patrimonial daquele e a consequente não responsabilização pelas dívidas da sociedade gestora (art. 9.º, n.º 1). Como garantia adicional, os bens que integram o fundo estarão na posse do depositário, designadamente os montantes entregues pelos devedores dos créditos (art. 23.º, n.º 1, alínea a)). Neste cenário de falência, a sociedade gestora pode até ser substituída (art. 22.º) não carecendo o fundo de, com a sociedade, ser também liquidado.

Quanto aos detentores de obrigações titularizadas, parece poder entender--se que a tutela conferida pelo princípio da separação patrimonial se estende ainda aos casos de falência (vide anotação n.º 1 ao art. 48.º). O mesmo não se poderá afirmar em relação aos detentores de obrigações de outra espécie que ocupam na falência a posição de um comum credor.

5 – Na apreciação da articulação entre os regimes da falência e da titularização de créditos importa ter presente a **especial natureza de algumas entidades**, sejam cedentes, gestores dos créditos ou mesmo veículos de titularização.

Desde logo, que o art. 2.º do CPEREF – que define o âmbito de aplicação do Código – ressalva os regimes especiais das instituições financeiras. Para as instituições de crédito e sociedades financeiras, rege ainda o Decreto-Lei n.º 30 689, de 27 de Agosto. Para as empresas de seguros e – por força do art. 55.º do Decreto-Lei n.º 475/99, de 9 de Novembro – para as sociedades gestoras de fundos de pensões, importa considerar a legitimidade exclusiva do Instituto de Seguros de Portugal para requerer a falência, embora no demais o CPEREF seja aplicável com adaptações (art. 121.º do Decreto-Lei n.º 94-B/98, de 17 de Abril).

Relevará ainda ter presente a não aplicação do instituto da falência às pessoas colectivas públicas nem às entidades públicas empresariais, não incluindo aqui nem as empresas públicas em sentido material nem as empresas participadas (arts. 3.º, n.º 1, 6.º e 7.º do Decreto-Lei n.º 558/99, de 17 de Dezembro). Caso, no entanto, o diploma legal que venha a determinar a extinção da entidade pública empresarial mande aplicar as regras do processo especial da falência (art. 34.º do Decreto-Lei n.º 558/99, de 17 de Dezembro), parecem igualmente de aplicar as normas que visam aumentar a tutela dos interesses dos investidores em caso de falência do cedente ou do gestor.

CAPÍTULO II
FUNDOS DE TITULARIZAÇÃO DE CRÉDITOS

Artigo 9.º
Noção

1 – Os fundos de titularização de créditos, adiante designados por fundos, são patrimónios autónomos pertencentes, no regime especial de comunhão regulado no presente decreto-lei, a uma pluralidade de pessoas, singulares ou colectivas, não respondendo, em caso algum, pelas dívidas destas pessoas, das entidades que, nos termos da lei, asseguram a sua gestão e das entidades às quais hajam sido adquiridos os créditos que os integrem.

2 – Os fundos são divididos em parcelas que revestem a forma de valores escriturais com o valor nominal que for previsto no regulamento de gestão do fundo e são designadas por unidades de titularização de créditos, adiante apenas unidades de titularização.

3 – O número de unidades de titularização de cada fundo é determinado no respectivo regulamento de gestão.

4 – A responsabilidade de cada titular de unidades de titularização pelas obrigações do fundo é limitada ao valor das unidades de titularização subscritas.

ANOTAÇÕES

N.º 1: Art. 2.º do RjFIM.
N.º 3: Art. 10.º. Art. 33.º.

1 – Também em **outros ordenamentos jurídicos** se optou por regular a titularização de créditos consagrando-se, em alguns casos, a figura dos fundos cuja constituição e actividade são objecto dessa regulação.

Em Espanha, a titularização foi disciplinada em três etapas. A primeira através da Lei 19/92, de 7 de Julho, aplicável somente à titularização de créditos hipotecários. A segunda, pela Lei 10/1994, de 30 de Dezembro, elaborada especialmente com vista ao processo de "Moratória Nuclear" e a terceira através do Real Decreto 926/1988 e da Lei 57/98 que amplia a possibilidade de titularização aos activos da mais diversa natureza.

Em França, os *fonds commun de créances* encontram-se previstos na actual versão da Lei n.º 88-1201, de 23 de Dezembro.

Poder-se-iam ainda referir outros exemplos como o da Bélgica (Lei de 5 de Agosto de 1992).

Número 1

2 – Os fundos de titularização têm a natureza jurídica de **patrimónios autónomos**, tal como os fundos de investimento, mobiliário e imobiliário, ou os fundos de capital de risco ou, ainda, os fundos de pensões.

Ao contrário dos fundos de investimento, não parece que se possam considerar instituições de investimento colectivo em valores mobiliários. Da não recondução dos fundos de titularização àquele conceito resultam, entre outros, dois relevantes corolários. Um, o da não aplicação subsidiária do Regime jurídico dos fundos de investimento mobiliário – embora o Regime adopte soluções que se inspiram no modelo geral de regulação dos fundos. Outro, o de as unidades de titularização não parecerem beneficiar da disciplina de direito comunitário aplicável à comercialização de fundos harmonizados.

3 – A natureza dos fundos permite a respectiva **autonomia patrimonial** em relação às responsabilidades das entidades que com eles convivem como os participantes, a sociedade gestora, o depositário, o administrador dos créditos ou os cedentes.

Número 2

4 – Os valores mobiliários representativos das participações no fundo são designados por unidades de titularização de créditos e, ao contrário das unidades de participação em fundos de investimento – mobiliário ou imobiliário, fechados ou abertos – ou em fundos de capital de risco, têm sempre **valor nominal**, o que implica que, também ao contrário daqueles outros fundos, o valor das unidades de titularização não tem que ser calculado.

Número 3

5 – Os fundos têm um **número fixo de unidades de titularização**. Não podem adoptar a modalidade de fundos abertos nem podem proceder a aumentos do respectivo capital como o fazem os fundos fechados.

O número de unidades só pode ser alterado através da realização de novas emissões se o fundo, aquando da constituição, adoptar a modalidade de fundo de património variável ou, se tal fôr previsto, pelo reembolso de unidades de titularização quer se trate de reembolso antecipado quer se trate de um reembolso de unidades de uma determinada categoria (vide anotação n.º 2 ao art. 32.º).

Artigo 10.º
Modalidades de fundos

1 – Os fundos podem ser de património variável ou de património fixo.

2 – São de património variável os fundos cujo regulamento de gestão preveja, cumulativa ou exclusivamente:
   a) A aquisição de novos créditos, quer quando o fundo detenha créditos de prazo inferior ao da sua duração, por substituição destes na data do respectivo vencimento, quer em adição aos créditos adquiridos no momento da constituição do fundo;
   b) A realização de novas emissões de unidades de titularização.

3 – São de património fixo os fundos em relação aos quais não seja possível, nos termos do número anterior, modificar os respectivos activos ou passivos.

ANOTAÇÕES

Remissões para outras normas:
   N.º **2**, alínea a): art. 29.º, n.º 3.
   N.º **2**, alínea b): art. 29.º, n.º 4.

Número 2

1 – Consideram-se de **património variável** os fundos cujo regulamento de gestão estabeleça a aquisição subsequente de créditos ou a realização de novas emissões de unidades de titularização.
São duas as situações de aquisições subsequentes de créditos previstas. Por um lado, aquelas em que o fundo se constitui com créditos de prazo inferior ao da sua duração, servindo as aquisições subsequentes para substituir os créditos iniciais – ou os próprios créditos de substituição. Por outro lado, aquelas em que os créditos são adquiridos para o fundo em vários momentos – não apenas no da respectiva constituição.

Os créditos de massa – v.g., cartões de crédito ou crédito imobiliário –, caracterizam-se pela sua homogeneidade mas também pelas distintas datas de vencimento, assim dando origem a uma elevada rotatividade das carteiras. As operações que envolvam este tipo de créditos implicarão, muito provavelmente, aquisições subsequentes de créditos.

As novas emissões de unidades de titularização tenderão a coincidir com a realização das aquisições subsequentes de créditos, como forma de financiamento destas. Contudo, podem-se conceber hipóteses em que se verifiquem aquisições de créditos subsequentes financiadas pelo próprio reembolso de capital dos créditos iniciais, sem necessidade, por isso, de recurso à emissão de unidades de titularização. Também hipóteses em que estas sejam emitidas sem que haja aquisições subsequentes de créditos. Pense-se na aquisição inicial de créditos com capital mutuado ao fundo (art. 13.º, n.º 2), se tal vier a ser permitido por via regulamentar ou, ainda, admite-se, considerando as possibilidades de proceder ao reembolso do valor nominal das unidades em momento anterior ao da liquidação e de emitir unidades de diferentes categorias, na substituição de unidades de titularização entretanto reembolsadas.

Número 3

2 – Todos os fundos cujos regulamentos de gestão não prevejam a aquisição subsequente de créditos nem a realização de novas emissões de unidades de titularização consideram-se fundos de **património fixo**.

ARTIGO 11.º
Modificação do activo dos fundos

Os fundos de património fixo ou de património variável podem sempre adquirir novos créditos desde que o respectivo regulamento de gestão o preveja e se verifique alguma das seguintes situações:
  a) Cumprimento antecipado de créditos detidos pelo fundo;
  b) Existência de vícios ocultos em relação a créditos detidos pelo fundo.

ANOTAÇÕES

Remissões para outras normas:
Art. 29.º, n.º 5.

1 – As aquisições subsequentes de créditos previstas neste artigo distinguem-se das permitidas aos fundos de património variável essencialmente pelo seu carácter incerto – ficam dependentes da eventual ocorrência de uma determinada

situação – e pelo escopo financeiro com que são realizadas – o de evitar desequilíbrios no activo susceptíveis de afectar a rendibilidade prevista para o fundo.

2 – Independentemente da modalidade que o fundo assuma – de património variável ou fixo –, pode sempre o respectivo regulamento de gestão prever a possibilidade de serem adquiridos novos créditos para o fundo em duas situações.

Alínea a)

3 – Uma dessas situações é a de os devedores dos créditos que integram o fundo procederem ao **cumprimento antecipado** dos mesmos. Para esta hipótese, pode o regulamento de gestão prever que os créditos objecto de cumprimento antecipado sejam substituídos. Esta substituição tenderá, na generalidade dos casos, a verificar-se apenas a partir de um determinado nível de cumprimentos antecipados, apurado pelo montante, e a sua realização poderá ficar dependente do momento em relação à duração do fundo em que o nível seja atingido. Poder-se-á optar pela substituição se, por exemplo, um determinado montante de cumprimentos antecipados se verificar durante a primeira metade de duração do fundo, adoptando outra solução para a hipótese de o nível ser atingido na segunda metade. Os créditos adquiridos terão de revestir características semelhantes aos créditos objecto de cumprimento antecipado, por forma a salvaguardar o equilíbrio inicial do fundo. Considerando o momento em que a aquisição é efectuada, terão que se admitir alterações ao prazo dos créditos.

Outra das soluções – a que atrás se aludiu – para as hipóteses em que se acumulem montantes relevantes de cumprimentos antecipados é a de proceder ao reembolso antecipado das unidades de titularização (art. 33.º).

4 – Esta aquisição de créditos não constitui uma alteração ao regulamento de gestão, não estando por isso dependente de prévia autorização da CMVM. Caso tenha sido conferida notação de risco às unidades de titularização, a sociedade de notação deverá confirmar que os novos créditos não afectam a classificação conferida às unidades – embora pareça poder faze-lo no âmbito dos procedimentos padronizados de verificação da avaliação de risco efectuada. O princípio aplicável parece poder ser o consagrado no art. 12.º, n.º 4 – a aquisição não deverá colocar em causa a classificação de risco aribuída às unidades.

Alínea b)

5 – A segunda das situações é a de se verificar a existência de **vícios ocultos** em relação a créditos que integrem o fundo. Ainda aqui exigiu o legislador que o regulamento de gestão preveja esta possibilidade, o que poderia ter sido dispensado. Com efeito, estamos perante substituições excepcionais e pontuais. Verificada a existência de vícios ocultos, procede-se tão só à aquisição ao cedente de um crédito com características idênticas ao que seja objecto de substituição. Estes casos deverão, por isso, encontrar-se previstos nos contratos de cessão dos

créditos. Poderá constituir um exemplo de vício oculto um crédito que não revista algum dos requisitos da cessão para titularização (v.g., penhora constituída em momento anterior à cessão mas só conhecida em momento ulterior).

Artigo 12.º
Composição do património dos fundos

1 – Os fundos devem aplicar os seus activos na aquisição, inicial ou subsequente, de créditos, nos termos do presente decreto-lei e do respectivo regulamento de gestão, os quais não podem representar menos de 75% do activo do fundo.

2 – Os fundos podem ainda, a título acessório, aplicar as respectivas reservas de liquidez na aquisição de valores mobiliários cotados em mercado regulamentado e títulos de dívida, pública ou privada, de curto prazo na medida adequada para assegurar uma gestão eficiente do fundo.

3 – Os activos adquiridos nos termos do número anterior devem revestir as características necessárias para que a sua detenção pelo fundo não altere a notação de risco que tenha sido atribuída às unidades de titularização.

4 – O passivo dos fundos pode abranger as responsabilidades emergentes das unidades de titularização, referidas no n.º 1 do art. 32.º, de contratos de empréstimo, de contratos destinados à cobertura de riscos e das remunerações devidas pelos serviços que lhes sejam prestados, designadamente pela sociedade gestora e pelo depositário.

5 – Os créditos do fundo não podem ser objecto de oneração por qualquer forma ou de alienação, excepto nos casos previstos na alínea b) do artigo 11.º, no artigo 13.º e no n.º 5 do art. 38.º ou se se tratar de créditos vencidos.

ANOTAÇÕES

Remissões para outras normas:
    N.º 2: Art. 18.º, alínea i). Art. 200.º do Código dos Valores Mobiliários. Art. 1.º, n.º 13 e art. 16.º da Directiva 93/22/CEE do Conselho, de 10 de Maio de 1993 (JOCE, n.º L 141, de 11/6).
    N.º 3: Art. 27.º, n.º 3, alínea c).
    N.º 4: Art. 13.º. Art. 14.º. Art. 24.º, n.º 3. Art. 26.º. Art. 29.º, n.º 2, alínea f), i) e l). Art. 32.º, n.º 1.
    N.º 5: Art. 5.º, n.º 3 e 18.º, alínea l).

Número 1

1 – Do lado dos **activos**, o património dos fundos deve ser composto, quase exclusivamente, por créditos. Com efeito, os fundos são constituídos com o objectivo de, com o produto da subscrição das unidades de titularização, adquirir e deter créditos que revistam as características definidas no respectivo regulamento de gestão, com vista a transmitir para os titulares das unidades os rendimentos desses mesmos créditos. Estes deverão sempre representar pelo menos 75% do valor global dos activos do fundo.

Número 2

2 – Podem deter **reservas de liquidez**, as quais poderão aplicar na aquisição de valores mobiliários – contanto que estes se encontrem admitidos à negociação em mercado regulamentado – ou em valores representativos de dívida de curto prazo – v.g., papel comercial. Admite-se que os fundos podem adquirir valores mobiliários admitidos à negociação em qualquer mercado regulamentado a funcionar em Estado-membro da União Europeia – constante da lista a que se refere a Directiva dos Serviços de Investimento. Considerando a *ratio* da norma e a ausência de enquadramento comunitário sobre a matéria, não se exclui a hipótese de os fundos adquirirem valores admitidos à negociação em mercado de bolsa de Estado terceiro sujeito a supervisão e a regras de funcionamento semelhantes às exigidas para os mercados oficiais de bolsas de Estado-membro.

Sempre que a CMVM o solicite, a sociedade gestora deve informar sobre as aplicações de reservas de liquidez efectuadas.

Número 3

3 – Os valores mobiliários e os valores representativos de dívida de curto prazo que integrem o fundo nunca poderão afectar a classificação atribuída às unidades de titularização por sociedade de **notação de risco**, quer se trate de notação obrigatória – em caso de comercialização pública das unidades – quer se trate de classificação resultante de relatório facultativo.

Número 4

4 – Do lado do **passivo**, todas as despesas e encargos do fundo devem ser previstas no regulamento de gestão. Além das responsabilidades emergentes da emissão das unidades – pagamento de rendimentos, reembolso ou parte proporcional do saldo de liquidação –, o fundo remunerará os serviços prestados pela sociedade gestora e pelo depositário. Também, sendo caso disso, os serviços prestados por terceiro – v.g., de gestão dos créditos. Ainda, as responsabilidades resultantes de contratos celebrados pelo fundo – de mútuo ou de cobertura de riscos.

Em casos de comercialização pública, constituem também despesas do fundo as inerentes à montagem da oferta de subscrição.

Número 5

5 – Vigora para os fundos a proibição de **alienação e de oneração dos créditos**. Os créditos detidos pelo fundo encontram-se indisponíveis. Este princípio conhece, no entanto, algumas excepções. Relativamente à alienação, não são abrangidos pelo impedimento os créditos em relação aos quais se verifique a existência de vícios ocultos, os créditos em que os respectivos devedores não cumpram e os créditos que o fundo detenha à data da sua liquidação e partilha – em princípio, também vencidos (não parece de aceitar que o fundo adquira créditos de prazo superior ao da sua duração com o escopo de os alienar). Quanto às duas primeiras excepções, o afastamento da indisponibilidade terá que ser previsto no regulamento de gestão – os termos e condições da alienação deverão ser indicados com precisão. Em relação à oneração, não existe nenhuma excepção. A única que poderá ser consagrada, por regulamento da CMVM, é a da dação dos créditos em garantia dos empréstimos contraídos pelo fundo.

6 – A alienação e a oneração não carecem de ser objecto de **autorização** pela CMVM. Nos casos em que a gestão dos créditos seja efectuada por entidade distinta da sociedade gestora – ainda que pelo depositário – cabe a esta sociedade autorizar a alienação e a oneração.

Artigo 13.º

Empréstimos

1 – Para dotar o fundo das necessárias reservas de liquidez, as sociedades gestoras podem contrair empréstimos por conta dos fundos que administrem, desde que o regulamento de gestão o permita.

2 – A CMVM pode estabelecer, por regulamento, as condições e os limites em que, com finalidades distintas da prevista no n.º 1, as sociedades gestoras podem contrair empréstimos por conta dos fundos que administrem, incluindo junto de entidades que tenham transmitido créditos para os fundos, bem como dar em garantia créditos detidos pelos fundos, designadamente estabelecer limites, em relação ao valor global do fundo, os quais poderão variar em função da forma de comercialização das unidades de titularização e da especial qualificação dos investidores que possam deter as referidas unidades de titularização.

ANOTAÇÕES

Remissões para outras normas:
    N.º 1: Art. 18.º, alínea c). Art. 29.º, n.º 2, alínea h).

N.º 2: Art. 12, n.º 5. Art. 30.º do Código dos Valores Mobiliários. Art. 4.º, n.º 4. Art. 21.º, alínea d).

Número 1

1 – Através das respectivas sociedades gestoras, os fundos podem contrair empréstimos. Necessário é que se trate de **empréstimos com a finalidade de obter as reservas de liquidez** adequadas à gestão eficiente do fundo e que o regulamento de gestão autorize a contracção de empréstimos com aquela finalidade e estabeleça as condições em que os mesmos podem ser contraídos. O regulamento de gestão poderá fixar limites de endividamento – os quais sempre decorreriam da finalidade específica com que o empréstimo pode ser contraído – ou prever as situações em que o fundo possa satisfazer as suas necessidades de liquidez através do recurso a capitais alheios. Não parece que deva estabelecer as condições concretas da contratação do empréstimo, o que poderia obstar a que fossem obtidos nas melhores condições de mercado.

Os fundos de titularização, ao contrário do que pode suceder com os fundos de investimento, designadamente os fundos abertos, têm menores necessidades de liquidez e, sobretudo, necessidades previsíveis, em montante e momento – fundamentalmente pagamento das remunerações devidas aos detentores de unidades e pelos serviços prestados pela sociedade gestora e pelo depositário. Em alternativa, as reservas de liquidez necessárias poderão ser obtidas através da alienação de valores mobiliários que integrem a carteira do fundo – recorde-se que este pode aplicar as suas reservas de liquidez em determinados valores mobiliários. É assim compreensível que o regime de endividamento seja diferente do estabelecido para os fundos de investimento.

Número 2

2 – Com **outras finalidades** os fundos não podem contrair empréstimos. Não podem, designadamente, contratar empréstimos com vista à aquisição de créditos – a uma alavancagem inicial do fundo.

No entanto, o Regime confere competência à CMVM para, por regulamento, permitir a contracção de empréstimos com finalidades distintas da obtenção de liquidez. Caso a CMVM exerça esta competência regulamentar, deverá fixar os limites de endividamento dos fundos, limites estes que podem variar em função da modalidade de emissão das unidades de titularização e dos detentores dessas unidades. Com efeito, a alavancagem de fundos de titularização através da contracção de empréstimos encontra-se normalmente associada à emissão subsequente de unidades o que altera o grau de risco do investimento, elevando-o. Assim, poderá a CMVM permitir apenas o recurso a este tipo de empréstimos a fundos cujas unidades não sejam objecto de comercialização pública ou mesmo cujas unidades sejam detidas exclusivamente por investidores institucionais. Ou estabelecer limites de endividamento diverso consoante se verifique ou não um recurso à comercialização pública. Poderá, ainda por regulamento, permitir que os fundos dêem em garantia do cumprimento das obrigações emergentes da contracção dos empréstimos créditos por si detidos – v.g., constituição de penhor.

Em qualquer caso, sempre o regulamento de gestão do fundo terá de prever a contracção de empréstimos deste tipo e estabelecer, com observância do quadro regulamentar, as condições respectivas.

3 – Entre outros, **podem conceder empréstimos aos fundos**, independentemente da finalidade a que se destinem, os próprios cedentes – esclarecendo o Regime que a concessão de crédito ao fundo não é abrangida pela proibição de concessão de garantias ou de assunção de responsabilidades pelo cumprimento –, os detentores de participações relevantes na sociedade gestora ou o depositário. Apenas a sociedade gestora se encontra impedida de conceder crédito.

Artigo 14.º
Cobertura de riscos

1 – As sociedades gestoras podem recorrer, por conta dos fundos que administrem, nos termos e condições previstas no regulamento de gestão, a técnicas e instrumentos de cobertura de risco, designadamente contratos de *swap* de taxas de juro e de divisas.

2 – A CMVM pode estabelecer, por regulamento, as condições e limites em que as sociedades gestoras podem recorrer a técnicas e instrumentos de cobertura de risco.

ANOTAÇÕES

Remissões para outras normas:
N.º 1: Art. 24.º, n.º 3. Art. 29.º, n.º 2, alínea g).

Número 1

1 – Desde que o regulamento de gestão do fundo o preveja, e nas condições aí estabelecidas, a sociedade gestora pode utilizar **instrumentos de cobertura de risco** por conta do fundo.

Parece que os instrumentos financeiros derivados só podem ser utilizados para cobertura dos riscos do fundo e não com outros objectivos mais amplos, designadamente de uma adequada gestão do património que integra o fundo – ao contrário do que é permitido aos fundos de investimento, mobiliário e imobiliário.

Não esclarece o Regime se os instrumentos financeiros derivados susceptíveis de ser utilizados se devem encontrar admitidos à negociação em mercado regulamentado ou se, além destes, outros também podem ser utilizados. Na ausência de restrição, legal ou regulamentar, tenderemos para entender que os instrumentos utilizados não necessitam de se encontrar admitidos à negociação em mercados de bolsa ou em outros mercados regulamentados embora o regulamento de gestão do fundo possa limitar a utilização apenas a estes últimos. Se não o fizer, não obstante a ausência de regulação da matéria, parecem de observar as regras que visam garantir a liquidez e a adequada avaliação dos *derivados OTC* em relação aos fundos de investimento mobiliário (n.º 2 do artigo 3.º do Regulamento da CMVM n.º 21/99, de 21 de Dezembro).

Parecem poder ser utilizados pelas sociedades gestoras dos fundos de titularização os instrumentos financeiros derivados na acepção do n.º 2 do artigo 2.º do Regulamento da CMVM n.º 21/99, designadamente os instrumentos que tenham como activo subjacente taxas de juro ou de câmbio de divisas (v.g., contratos de *swap* de taxas de juro ou de divisas). Não parece justificar-se um impedimento a que os valores mobiliários detidos, a título acessório, pelos fundos sejam objecto de operações de empréstimo ou de reporte, nos termos e condições do Regulamento da CMVM n.º 98/10, de 20 de Agosto.

2 – Os contratos destinados a cobrir os riscos do fundo podem ser celebrados com o próprio **depositário**.

Número 2

3 – A competência regulamentar para estabelecimento dos limites e condições em que as sociedades gestoras podem recorrer a instrumentos de cobertura de risco não foi exercida pela CMVM. Ao invés do que sucede para os fundos de investimento, mobiliário e imobiliário, a utilização dos instrumentos de cobertura não se encontra dependente do exercício daquela competência.

Assim, não se encontram estabelecidos para os fundos de titularização limites na utilização de instrumentos de cobertura de risco nem deveres de informação – à CMVM ou no âmbito dos documentos de prestação de contas – sobre o recurso a estes instrumentos.

SECÇÃO II

Sociedades gestoras

Artigo 15.º

Administração dos fundos

1 – A administração dos fundos deve ser exercida por uma sociedade gestora de fundos de titularização de créditos, adiante designada apenas por sociedade gestora.

2 – As sociedades gestoras devem ter a sua sede e a sua administração efectiva em Portugal.

ANOTAÇÕES

Remissões para outras normas:
N.º 2: Art. 3.º do Código das Sociedades Comerciais.

Número 1

1 – Os **fundos** de titularização de créditos **só podem ser administrados** por sociedades gestoras de fundos de titularização de créditos. Além destas, nenhumas outras entidades podem administrar os fundos. Não o podem fazer – ao contrário do que sucede em relação aos fundos de investimento fechados, mobiliários ou imobiliários – alguns tipos de instituições de crédito, como os bancos, que disponham de um determinado montante mínimo de fundos próprios.

Número 2

2 – À semelhança das sociedades gestoras de fundos de investimento, mobiliário e imobiliário, as sociedades gestoras de fundos de titularização de créditos devem ter a sua sede e administração efectiva em Portugal por forma a que, nos termos gerais, lhes seja aplicável a lei portuguesa.

Artigo 16.º
Sociedades gestoras

1 – As sociedades gestoras devem ter por objecto exclusivo a administração, por conta dos detentores das unidades de titularização, de um ou mais fundos.

2 – As sociedades gestoras não podem transferir para terceiros, total ou parcialmente, os poderes de administração dos fundos que lhe são conferidos por lei, sem prejuízo da possibilidade de recorrerem aos serviços de terceiros que se mostrem convenientes para o exercício da sua actividade, designadamente para o efeito da gestão dos créditos detidos pelos fundos e das respectivas garantias, bem como da aplicação de reservas de liquidez.

3 – As entidades cedentes cujos créditos transmitidos para fundos administrados pela mesma sociedade gestora representem mais de 20% do valor global líquido da totalidade dos fundos administrados pela sociedade gestora, ou de algum desses fundos, não pode, por

si ou através de sociedade que consigo se encontre constituída em relação de domínio ou de grupo, deter mais de 20% do capital social da sociedade gestora.

ANOTAÇÕES

Remissões para outras normas:
N.º 1: Art. 7.º do RGICSF.
N.º 2: Arts. 5.º, n.º 2, 18.º, 31.º, n.º 5 e 32.º, n.º 2. Art. 6.º, n.º 3 do RjFIM.
N.º 3: Arts. 486.º e 488.º ss. do Código das Sociedades Comerciais.

Número 1

1 – As sociedades gestoras de fundos de titularização, enquanto sociedades financeiras que são, só podem exercer as actividades que lhes sejam permitidas por lei. No caso destas sociedades gestoras, a administração de um ou de vários fundos de titularização de créditos. Esta **exclusividade de objecto social** é semelhante à vigente para as sociedades gestoras de fundos de investimento, mobiliário e imobiliário.

Número 2

2 – A **administração dos fundos** cabe, em exclusivo, à respectiva sociedade gestora. Os detentores de unidades não têm poderes de administração nem podem transmitir instruções ou orientações à sociedade gestora.

Esta não pode mandatar terceiros para o exercício destes poderes de administração do fundo. Não se encontram, no entanto, impedidas de recorrer à prestação por terceiros, idóneos e habilitados, de serviços de gestão dos créditos detidos pelo fundo ou de aplicação das reservas de liquidez do fundo – serviços estes que podem também ser prestados pelo depositário.

Em matéria de subcontratação de serviços por sociedade gestora, importará ter presente – embora com as necessárias adaptações – os princípios e orientações gerais adoptados pela CMVM, em 13/12/99, para os fundos de investimento mobiliário.

Assim, e em princípio, a sociedade gestora poderá subcontratar quaisquer serviços, embora a extensão da subcontratação não possa implicar uma diminuição significativa da actividade da sociedade. Outras limitações resultam da própria natureza das funções. Com efeito, algumas destas deverão ser directamente asseguradas pela própria sociedade gestora (v.g., obrigações de informação).

A responsabilidade da sociedade gestora não sofre nenhuma modificação por efeito da subcontratação – não se vê diminuída nem excluída. Deste modo, a sociedade mantém inalterada a responsabilidade por todas as violações de normas, legais ou regulamentares, ou do regulamento de gestão, ainda que estas resultem de acções ou omissões do prestador de serviços.

Deve, por isso, verificar se a entidade subcontratada possui os meios necessários para exercer adequadamente as funções objecto do contrato – ou, sendo caso disso, se está autorizada a exercê-las –, acompanhar a sua actuação e exercer o poder de transmitir instruções – vinculativas – à entidade contratada, poder este resultante da manutenção na sociedade gestora dos poderes de administração do fundo.

Ao contrário do que sucede em relação às sociedades gestoras de fundos de investimento mobiliário que recorram à prestação de serviços por terceiros, os contratos respectivos não estão sujeitos a aprovação pela CMVM. Não obstante, parece-nos que estes devem prever a possibilidade de a sociedade gestora os denunciar e admitir apenas, do lado da entidade subcontratada, a resolução com motivo justificado.

Número 3

3 – As entidades cedentes podem ser titulares de **participações no capital da sociedade gestora** que administre fundos detentores de créditos por elas cedidos. Contudo, é estabelecida uma limitação à participação, directa ou indirecta, no capital por cedentes relevantes – detenção máxima de 20% do capital da sociedade gestora. Considera-se, para estes efeitos, cedente relevante não só aquele que tenha transmitido créditos que representem mais de 20% do valor global líquido da totalidade dos fundos administrados pela sociedade gestora como também aquele que ultrapasse o aludido limite em relação a um único fundo sob administração.

Esta norma, destinada a prevenir conflitos de interesses, impede, v.g., a constituição de uma sociedade gestora integralmente detida por um grupo financeiro – industrial ou comercial – destinada à montagem de operações de titularização de créditos detidos pelo grupo em causa. Tenha-se presente, como exemplo de potencial conflito de interesses, o relacionamento de um grupo financeiro com os seus clientes, na qualidade de entidade gestora dos créditos cedidos para titularização ao fundo, e a detenção integral do capital da sociedade gestora do fundo, responsável pela boa gestão dos créditos.

Não existe limitação paralela em relação às sociedades de titularização de créditos.

Artigo 17.º

Constituição

1 – As sociedades gestoras de fundos de titularização de créditos são sociedades financeiras que adoptam o tipo de sociedade anónima.

2 – O capital social das sociedades gestoras deve encontrar-se obrigatoriamente representado por acções nominativas ou ao portador registadas.

3 – A firma das sociedades gestoras deve incluir a expressão "sociedade gestora de fundos de titularização de créditos" ou a abreviatura SGFTC.

4 – É vedado aos membros dos órgãos de administração das sociedades gestoras e às pessoas que com as mesmas mantiverem contrato de trabalho exercer quaisquer funções em outras sociedades gestoras.

ANOTAÇÕES

Remissões para outras normas:
- N.º 1: Art. 6.º, n.º 1, alínea l), do RGICSF. Arts. 175.º a 180.º do RGICSF. Art. 15.º, n.º 1. Art. 16.º, n.º 1. Art. 52.º.
- N.º 2: N.º 1 da Portaria n.º 284/2000, de 23 de Maio. Arts. 95.º, n.º 1 e 196.º do RGICSF. Art. 42.º.
    Arts. 52.º e 53.º do CVM. Art. 10.º do Decreto-Lei n.º 486/99, de 13 de Novembro.
- N.º 4: Art. 7.º, n.º 2 do RjFIM. Art. 8.º, n.º 2 do RjFII.

Número 1

1 – Para o exercício da actividade de administração de fundos de titularização de créditos, o Regime prevê uma nova espécie de entidade que expressamente qualifica como **sociedade financeira** – as sociedades gestoras de fundos de titularização de créditos. Como sociedades financeiras, estão sujeitas à supervisão do Banco de Portugal, sendo a sua actividade também regulada pelo Regime Geral das Instituições de Crédito e Sociedades Financeiras, aprovado pelo Decreto-Lei n.º 298/92, de 31 de Dezembro. Assim, a constituição das sociedades gestoras está sujeita a autorização do Banco de Portugal (arts. 175.º a 180.º do RGICSF).

A única actividade que podem exercer – administração de um ou vários fundos de titularização de créditos –, enquanto actividade de intermediação financeira que é, está sujeita a supervisão da CMVM (arts. 16.º, n.º 1 e 52.º).

À semelhança das instituições de crédito – e de algumas espécies de sociedades financeiras –, devem adoptar necessariamente o tipo de sociedade comercial anónima.

Número 2

2 – O **capital social mínimo** das sociedades gestoras de fundos de titularização de créditos é de 750 000 euros. Este montante, idêntico ao estabelecido para as sociedades gestoras de fundos de investimento imobiliário, é significativamente inferior ao fixado para as sociedades de titularização de créditos.

3 – Vide anotação 2 ao art. 42.º.

Número 4

4 – O regime de **incompatibilidades dos administradores** e trabalhadores da sociedade gestora é idêntico ao estabelecido para as sociedades gestoras de fundos de investimento, tenham estas por objecto a administração de fundos mobiliários ou de fundos imobiliários.

Artigo 18.º
Funções da sociedade gestora

As sociedades gestoras actuam por conta e no interesse exclusivo dos detentores das unidades de titularização do fundo, competindo-lhes praticar todos os actos e operacões necessários ou convenientes à boa administração do fundo, de acordo com critérios de elevada diligência e competência profissional, designadamente:
    a) Aplicar os activos do fundo na aquisição de créditos, de acordo com a lei e o regulamento de gestão, proceder, no caso previsto no n.º 1 do artigo 6.º, à notificação da cessão aos respectivos devedores e, quando se trate de créditos hipotecários, promover o averbamento da transmissão no registo predial;
    b) Praticar todos os actos e celebrar todos os contratos necessários ou convenientes para a emissão das unidades de titularização;
    c) Contrair empréstimos por conta do fundo, nos termos do artigo 13.º, desde que o regulamento de gestão do fundo o permita;
    d) Gerir os montantes pagos pelos devedores dos créditos que integrarem o fundo;
    e) Calcular e mandar efectuar os pagamentos correspondentes aos rendimentos e reembolsos das unidades de titularização;
    f) Pagar as despesas que, nos termos do regulamento de gestão, caiba ao fundo suportar;
    g) Manter em ordem a escrita do fundo;
    h) Dar cumprimento aos deveres de informação estabelecidos por lei ou pelo regulamento de gestão;
    i) Informar a CMVM, sempre que esta o solicite, sobre as aplicações referidas no n.º 2 do artigo 12.º;
    j) Praticar todos os actos adequados à boa gestão dos créditos e das respectivas garantias, caso a gestão não seja assegurada pelo cedente ou por terceiro;

l) **Autorizar a alienação e a oneração de créditos do fundo, nos casos previstos no n.º 5 do artigo 12.º.**

ANOTAÇÕES

Remissões para outras normas:
  Alínea a): Art. 6.º, n.º 1. Art. 7.º, n.º 2.
  Alínea b): Art. 31.º. Art. 34.º.
  Alínea c): Art. 13.º.
  Alínea d): Art. 12.º, n.º 2. Art. 24.º, n.º 1, alínea c).
  Alínea e): Art. 24.º, n.º 1, alínea e). Art. 32.º, n.º 1.
  Alínea i): Art. 12.º, n.º 2.
  Alínea f): Art. 26.º.
  Alínea h): Art. 37.º, n.º 2, alínea c).
  Alínea j): Art. 5.º, n.ºs 1 e 2. Art. 24.º, n.º 1, alínea d).
  Alínea l): Art. 5.º, n.º 3. Art. 12.º, n.º 5.

Consagra-se aqui o dever de a sociedade gestora administrar o fundo de titularização por conta e no exclusivo interesse dos detentores de unidades e de acordo com padrões de elevada diligência e competência, podendo – e devendo – praticar todos os actos que se revelem adequados à boa administração do fundo. Nenhuns outros interesses que não os dos participantes podem ser considerados na administração do fundo – designadamente os da própria sociedade gestora.

Este **princípio da boa administração dos fundos** é semelhante ao vigente para a gestão de fundos de investimento, mobiliário e imobiliário. Encontra-se também presente na generalidade dos regimes de organismos de investimento colectivo. Para uma panorâmica internacional vide Alexandre Brandão da Veiga, Fundos de Investimento Mobiliário e Imobiliário, Livraria Almedina, Coimbra, 1999, pp. 88-94. Vide, igualmente, Maria João Tomé, Fundos de Investimento Mobiliário Abertos, Livraria Almedina, Coimbra, 1997, pp. 50 segs.

ARTIGO 19.º
Fundos próprios

Os fundos próprios das sociedades gestoras não podem ser inferiores às seguintes percentagens do valor líquido global dos fundos que administrem:
  a) Até 75 milhões de euros – 1%;
  b) No excedente – 1‰.

ANOTAÇÕES

Art. 96.º do RGICSF. Aviso do Banco de Portugal n.º 12/92, de 29 de Dezembro. Aviso do Banco de Portugal n.º 1/93, de 8 de Junho, na redacção que lhe foi dada pelos avisos n.ºs 12/95, de 8/11, 10/96, de 7/1, 11/96, de 15/1, 2/00, de 24/7 e 6/00, de 24/1, bem como o Aviso do Banco de Portugal n.º 7/96, de 24/12.

Às sociedades gestoras é exigido um **montante mínimo de fundos próprios** que depende do valor global líquido dos fundos sob administração. Este nível mínimo é idêntico ao estabelecido para as sociedades gestoras de fundos de investimento, mobiliário e imobiliário.

ARTIGO 20.º
Acesso ao mercado interbancário

As sociedades gestoras podem no exercício das respectivas funções ter acesso ao mercado interbancário, nas condições definidas pelo Banco de Portugal.

ANOTAÇÕES

Decreto-Lei n.º 315/85, de 2 de Agosto.

1 – Em princípio, o **acesso ao mercado monetário interbancário** encontra-se reservado a instituições de crédito – não a sociedades financeiras. Contudo, o Banco de Portugal tem competência para, a título excepcional, permitir o acesso ao mercado monetário interbancário por parte de instituições financeiras que não revistam a natureza de instituições de crédito, designadamente a sociedades financeiras. É neste contexto que algumas leis reguladoras da actividade de determinados tipos de sociedades financeiras consagram normas que esclarecem não haver impedimento a que o tipo de sociedade financeira em causa aceda ao mercado. É o que se passa com as sociedades gestoras de fundos de investimento, mobiliário e imobiliário.

A regra que permite às sociedades gestoras de fundos de titularização de créditos aceder ao mercado monetário interbancário não implica, por si só, o referido acesso ao mercado. Com efeito, este está sempre dependente do exercício da aludida competência do Banco de Portugal, competência esta que não foi exercida em relação a sociedades gestoras de fundos de titularização. De resto, na generalidade dos casos, os fundos optam por aceder ao mercado monetário interbancário indirectamente. Com efeito, a sociedade gestora pode entregar as disponibilidades de liquidez do fundo ao depositário para que este – instituição de crédito sujeita à constituição de reservas mínimas do Sistema Europeu de Bancos Centrais – as aplique no mercado interbancário, assim podendo obter uma melhor remuneração das disponibilidades de liquidez para o fundo.

2 – Recorde-se que, em rigor, já não é possível falar num mercado monetário interbancário meramente nacional uma vez que na zona do euro os diversos mercados monetários interbancários se encontram integrados e articulados.

Artigo 21.º
Operações vedadas

Às sociedades gestoras é especialmente vedado:
a) Contrair empréstimos por conta própria;
b) Onerar, por qualquer forma, ou alienar os créditos que integrem o fundo, excepto nos casos previstos no n.º 5 do artigo 12.º;
c) Adquirir, por conta própria, valores mobiliários de qualquer natureza, com excepção de fundos públicos, nacionais e estrangeiros, e de valores mobiliários aos mesmos equiparados;
d) Conceder crédito, incluindo prestação de garantias, por conta própria ou por conta dos fundos que administrem;
e) Adquirir, por conta própria, imóveis, para além dos necessários às suas instalações e funcionamento.

ANOTAÇÕES

Não obstante as sociedades financeiras só poderem efectuar as operações que o respectivo regime jurídico lhes permita (art. 7.º do RGICSF), é habitual o legislador elencar expressamente um determinado conjunto de operações que lhes está vedado praticar. Assim acontece também com as sociedades gestoras de fundos de titularização de créditos.

Algumas das operações – como a concessão de crédito – encontram-se habitualmente no rol de operações vedadas à generalidade das sociedades financeiras. É o caso das sociedades gestoras de patrimónios, das administradoras de compras em grupo, das mediadoras do mercado monetário e do mercado de câmbios ou das corretoras.

À semelhança das sociedades gestoras de fundos de investimento, mobiliário ou imobiliário, não podem contrair empréstimos por conta própria. A limitação referente à aquisição de imóveis é mais rigorosa em relação às sociedades gestoras de fundos de titularização de créditos. Ainda à semelhança das sociedades gestoras de fundos de investimento, não podem adquirir unidades de titularização, sejam emitidas por fundos que administrem ou por quaisquer outros. Em matéria de valores mobiliários, só lhes é permitido adquirir, por conta própria, valores representativos de dívida pública.

ARTIGO 22.º
Substituição da sociedade gestora

1 – Em casos excepcionais, a CMVM pode, a requerimento conjunto da sociedade gestora e do depositário, e desde que sejam acautelados os interesses dos detentores de unidades de titularização do fundo, autorizar a substituição da sociedade gestora.

2 – Caso seja revogada pelo Banco de Portugal a autorização da sociedade gestora ou se verifique outra causa de dissolução da sociedade, a CMVM pode determinar a substituição da sociedade gestora.

ANOTAÇÕES

Remissões para outras normas:
    Art. 24.º, n.º 5.
    N.º 1: Art. 6.º, n.º 4 do RjFIM. Art. 7.º, n.º 3 do RjFII.
    N.º 2: Art. 38.º, n.º 3. Art. 178.º do RGICSF. Arts. 141.º a 145.º do Código das Sociedades Comerciais.

Número 1

1 – A substituição da sociedade gestora encontra-se dependente de **autorização da CMVM**, a qual deve ser solicitada conjuntamente pela própria sociedade e pelo depositário do fundo. A substituição só será permitida em situações excepcionais. Poderá servir de exemplo uma concentração de grupos financeiros com uma consequente reorganização do novo grupo resultante da concentração.
    A substituição da sociedade gestora implica uma modificação ao regulamento de gestão do fundo.

2 – As regras sobre substituição da sociedade gestora – quer a substituição a pedido quer a compulsiva, a que se alude *infra* – são igualmente aplicáveis à **substituição do depositário**. Apenas com uma especificidade – a de o pedido poder ser apresentado só pela sociedade gestora.
    Considerando que o depositário presta serviços ao fundo por força de um contrato de prestação de serviços, a cessação deste contrato e a celebração de um novo com outra entidade habilitada a exercer as funções de depositário parece poder ser vista não como uma situação excepcional mas sim como uma mera modificação em relação a uma entidade prestadora de serviços ao fundo – para prestação desses serviços em condições melhores e menos onerosas para

o fundo, v.g. Assim, não parece fazer sentido encarar estas autorizações como situações excepcionais mas tão só como um controlo do modo como se irá processar a alteração do depositário – o que permite compreender a especificidade atrás referenciada. Esta é, de resto, a solução vigente para os fundos de investimento mobiliário.

A substituição do depositário consubstancia uma alteração ao regulamento de gestão.

3 – As regras sobre a substituição da sociedade gestora são semelhantes às aplicáveis à **substituição de sociedades gestoras de fundos de investimento**, mobiliário e imobiliário. Para estes fundos não é, porém, admitida a substituição compulsiva.

Número 2

4 – A **dissolução** e liquidação **da sociedade** gestora, seja ou não motivada pela revogação da autorização para constituição, não implica necessariamente a consequente liquidação e partilha do fundo. Com efeito, pode a CMVM nestes casos determinar a substituição da sociedade gestora.

O não acatamento da determinação – se a sociedade não for substituída no prazo que seja fixado, v.g. – permitirá à CMVM impor a própria liquidação do fundo. Nada parece obstar a que, verificando-se fundamento para a substituição compulsiva da sociedade gestora, a CMVM opte por impor directamente a liquidação compulsiva do fundo. Pense-se, v.g., na existência de irregularidades graves na gestão do fundo ou na violação de normas, legais ou regulamentares, susceptíveis de colocar em risco os interesses dos detentores das unidades ou o normal funcionamento do mercado.

Faria sentido estender a competência da CMVM aos casos em que seja cancelado o registo para exercício de actividade de intermediação financeira (art. 303.º do CVM).

SECÇÃO III

Depositário

Artigo 23.º

Depósito dos valores dos fundos

1 – Devem ser confiados a um único depositário os valores que integram o fundo, designadamente:
    a) Os montantes recebidos a título de pagamento de juros ou de reembolso de capital respeitantes aos créditos que integram o fundo;

b) Os valores mobiliários adquiridos por conta do fundo, nos termos do n.º 2 do artigo 12.º;

c) Os montantes resultantes de empréstimos contraídos pela sociedade gestora por conta do fundo, de acordo com o artigo 13.º, desde que o regulamento de gestão o permita.

2 – Podem ser depositárias as instituições de crédito referidas nas alíneas a) a f) do artigo 3.º do Regime Geral das Instituições de Crédito e Sociedades Financeiras, aprovado pelo Decreto-Lei n.º 298//92, de 31 de Dezembro, que disponham de fundos próprios não inferiores a 1,5 milhões de contos.

3 – O depositário deve ter a sua sede em Portugal ou, se tiver a sua sede em outro Estado membro da Comunidade Europeia, deve estar estabelecido em Portugal através de sucursal.

4 – As relações entre a sociedade gestora e o depositário são regidas por contrato escrito.

ANOTAÇÕES

Remissões para outras normas:
N.º 1: Arts. 12.º, n.º 2 e 13.º.
N.º 2: Art. 3.º, alíneas a) a f) do RGICSF. Art. 96.º, n.º 1 do RGICSF. Avisos do Banco de Portugal n.º 12/92, de 29 de Dezembro e 1/93, de 8 de Junho.
N.º 3: Arts. 48.º e 49.º do RGICSF.
N.º 4: Art. 27.º, n.º 2, alínea b). Art. 28.º, n.º 2.

Número 1

1 – À semelhança do que sucede em relação aos fundos de investimento, mobiliário ou imobiliário, os valores que integram o fundo, designadamente os montantes recebidos dos devedores dos créditos ou os valores mobiliários adquiridos, devem ser confiados a um só depositário.

Devem ser igualmente entregues ao depositário todos os documentos e demais **meios probatórios dos créditos** que, nos termos gerais (arts. 582.º e 586.º do Código Civil), o cedente deva entregar ao cessionário. Esta função do depositário não pode deixar de ser articulada com a possível existência de uma ou de várias entidades gestoras dos créditos que integrem o fundo – funções que podem ser exercidas pelo próprio depositário. Assim sendo, o gestor precisa de dispor de informação sobre os créditos detidos pelo fundo o que implica a necessidade de aceder a alguns dos referidos documentos, podendo conservá--los em seu poder – conforme resulta expressamente da parte final da alínea a) do n.º 1 do art. 24.º. Tal não prejudica, contudo, a responsabilidade do depositário em relação a toda a mencionada documentação, ainda que o gestor dos créditos seja a própria entidade cedente. Com efeito, tudo se poderá processar como nos casos em que o depositário confia a guarda dos valores do fundo a um terceiro.

Naturalmente que a responsabilidade do depositário não abrange os documentos referentes aos créditos que o cedente mantenha na sua posse não por assegurar as funções de gestor mas por demonstrar ter interesse legítimo nessa conservação, nos termos gerais.

2 – Admite-se que, caso o cedente seja instituição de credito, possa cumular essa qualidade com a necessária qualidade de gestor dos créditos cedidos e ainda com a de depositário do fundo.

Número 2

3 – Podem exercer as funções de **depositário** de um fundo de titularização de créditos os bancos, as caixas económicas, as caixas de crédito agrícola mútuo, a Caixa Central e as sociedades de investimento. Apenas, no entanto, aquelas de entre as referidas instituições de crédito que disponham de fundos próprios de montante igual ou superior a 1,5 milhões de contos. O valor dos fundos próprios é calculado de acordo com as normas regulamentares aplicáveis à instituição de crédito em causa.

Não podem exercer funções de depositário as sociedades financeiras, ainda que disponham do mencionado montante mínimo de fundos próprios. Os requisitos exigidos para o exercício das funções de depositário são idênticos aos estabelecidos em relação aos fundos de investimento mobiliário.

Número 3

4 – **Só podem ser depositárias** de fundos de titularização de créditos as instituições de crédito nacionais – com sede em Portugal – ou as que se encontrem autorizadas e sujeitas a supervisão em Estado-membro da União Europeia contanto que estejam estabelecidas em Portugal através de sucursal – não é suficiente o mero regime de liberdade de prestação de serviços. As instituições que não sejam entes comunitários só poderão ser depositários de fundos de titularização se constituírem uma filial em Portugal.

O Regime consagra solução idêntica à vigente para os fundos de investimento mobiliário.

Independentemente da natureza precisa dos fundos de titularização de créditos, parece que o exercício das funções de depositário daqueles fundos se deve considerar uma actividade de intermediação financeira cujo exercício depende, assim, de autorização.

Número 4

5 – O exercício das funções de depositário deve ser regido por **contrato escrito** a celebrar entre a sociedade gestora e a instituição de crédito depositária.

ARTIGO 24.º
Funções do depositário

1 – Compete, designadamente, ao depositário:
   a) Receber, em depósito, os valores do fundo e guardar todos os documentos e outros meios probatórios relativos aos créditos que integram o fundo e que não tenham sido conservados pelo respectivo cedente;
   b) Receber em depósito ou inscrever em registo os valores mobiliários que, nos termos do n.º 2 do artigo 12.º, integrem o fundo;
   c) Efectuar todas as aplicações dos activos do fundo de que a sociedade gestora o incumba, de acordo com as instruções desta;
   d) Quando o regulamento de gestão o preveja, cobrar por conta do fundo, e de acordo com as instruções da sociedade gestora, os juros e capital dos créditos que integram o fundo, bem como praticar todos os demais actos que se revelem adequados à boa administração dos créditos;
   e) Pagar aos detentores das unidades de titularização, nos termos das instruções transmitidas pela sociedade gestora, os rendimentos periódicos e proceder ao reembolso daquelas unidades de mobilização;
   f) Executar todas as demais instruções que lhe sejam transmitidas pela sociedade gestora;
   g) No caso de, em relação à sociedade gestora, se verificar alguma das situações previstas no n.º 2 do artigo 22.º, propor à CMVM a sua substituição;
   h) Assegurar que nas operações relativas aos valores que integram o fundo a contrapartida lhe seja entregue nos prazos conformes à prática do mercado;
   i) Assegurar que os rendimentos do fundo sejam aplicados em conformidade com a lei e o regulamento de gestão;
   j) Assumir uma função de vigilância e garantir perante os detentores de unidades de titularização o cumprimento do regulamento de gestão.

2 – O depositário tem o dever de, previamente ao seu cumprimento, verificar a conformidade de todas as instruções recebidas da sociedade gestora com a lei e o regulamento de gestão.

3 – O depositário pode ainda celebrar com a sociedade gestora, actuando por conta do fundo, e com observância do disposto no artigo 14.º, contratos de *swap,* **contratos de garantia de taxa de juro ou quaisquer outros destinados a assegurar a cobertura dos riscos do fundo.**

4 – O depositário pode adquirir unidades de titularização dos fundos em relação aos quais exerça essas funções.

5 – À substituição do depositário aplica-se o disposto no artigo 22.º, bastando que o pedido de substituição seja apresentado pela sociedade gestora.

ANOTAÇÕES

Remissões para outras normas:
N.º 1, alínea a): Arts. 582.º e 586.º do Código Civil.
N.º 1, alínea b): Art. 12.º, n.º 2.
N.º 1, alínea d): Arts. 5.º, n.º 2 e 29.º, n.º 2, alínea c).
N.º 1, alínea e): Art. 18.º, alínea e).
N.º 1, alínea f): Art. 25.º, n.º 1.
N.º 1, alínea g): Art. 22.º, n.º 2.
N.º 3: Art. 14.º.
N.º 5: Art. 22.º.

Número 1

1 – Compete ao depositário receber em depósito o numerário, proveniente dos montantes entregues pelos devedores dos créditos ou de eventuais empréstimos contraídos pelo fundo, e proceder, em conformidade com as instruções recebidas da sociedade gestora, ao pagamento dos rendimentos das unidades de titularização ou respectivo reembolso bem como à aplicação em valores mobiliários das reservas de liquidez do fundo. Cabe-lhe igualmente receber, em depósito ou em registo, os valores mobiliários assim adquiridos e assegurar que as operações realizadas sobre os mesmos são efectuadas em conformidade com as práticas de mercado, nomeadamente, quanto ao prazo de liquidação das operações realizadas.

O depositário poderá também exercer as funções de administração de todos ou de parte dos créditos que integrem o fundo.

Compete-lhe ainda executar as demais instruções que lhe sejam transmitidas pela sociedade gestora, em conformidade com o contrato de depósito, o regulamento de gestão e a lei.

2 – O depositário deve também exercer uma importante **função de vigilância**. Com efeito, deve assegurar perante os detentores de unidades de titularização o cumprimento do regulamento de gestão, por si e pela própria sociedade gestora. Função esta que se pode encontrar, com uma ou outra particularidade, nos depositários de fundos de investimento, entre nós e em ordenamentos jurídicos estrangeiros.

O depositário, no exercício da sua função de vigilância, não poderá garantir a validade e eficácia de todos os contratos dos quais emergem os créditos transmitidos para o fundo ou a observância, por estes, dos requisitos de cessão para titularização ou a conformidade das suas características com as dos créditos que devem integrar a operação em causa. Deverá é cuidar de garantir que os procedimentos, contratuais e operacionais, adequados foram observados tendo a sociedade gestora agido com a diligência suficiente para que todas as verificações em causa sejam efectuadas por alguma das partes intervenientes na montagem da operação – v.g., cedente, auditores, sociedade de notação de risco, consultores jurídicos – e que estas se encontram adequadamente responsabilizadas pelas mencionadas verificações. O mesmo se diga em relação à gestão dos créditos. Quando não seja assegurada pela sociedade gestora – ou pelo próprio depositário – devem ser transmitidas orientações e instruções adequadas ao gestor que deve prestar informação sobre todos os factos pertinentes relacionados com os créditos de que tenha conhecimento – sem prejuízo do permanente acompanhamento da gestão pela sociedade gestora.

Estas especificidades da função de vigilância – particularmente em relação à montagem da operação e à gestão dos créditos – levaram, durante os trabalhos preparatórios a discutir da necessidade da consagração da figura do depositário para os fundos de titularização. Esta posição passava por abdicar da função de vigilância e pelo exercício das outras funções do depositário por entidade idónea nos termos de contrato a celebrar para o efeito.

Número 4

3 – Os depositários podem **adquirir unidades de titularização** dos fundos em relação aos quais exerçam essas funções, quer por subscrição quer adquirindo-as após a respectiva emissão. Não são fixados limites para a quantidade de unidades de titularização que o depositário adquira.

Número 5

4 – O depositário do fundo pode ser **substituído,** aplicando-se à substituição as regras sobre a substituição da sociedade gestora (vd. anotação n.º 2 ao art. 22.º).

Artigo 25.º
Responsabilidade da sociedade gestora e do depositário

1 – A sociedade gestora e o depositário respondem solidariamente perante os detentores das unidades de titularização pelo cumprimento das obrigações contraídas nos termos da lei e do regulamento de gestão.

2 – A sociedade gestora e o depositário são ainda solidariamente responsáveis perante os detentores das unidades de titularização pela veracidade, actualidade, rigor e suficiência da informação contida no regulamento de gestão.

3 – A responsabilidade do depositário não é afectada pelo facto de a guarda dos valores do fundo ser por ele confiada, no todo ou em parte, a um terceiro.

ANOTAÇÕES

Remissões para outras normas:
  N.º 1: Arts. 512.º a 527.º do Código Civil.
  N.º 2: Art. 34.º, n.º 3, alíneas a) e b). Art. 151.º do Código dos Valores Mobiliários.

Número 1

1 – A sociedade gestora e o depositário são responsáveis perante os detentores das unidades de titularização pelo cumprimento dos deveres emergentes das normas, legais e regulamentares, aplicáveis bem como das obrigações emergentes do regulamento de gestão.

A **responsabilidade** das referidas entidades é **solidária**. Assim, os detentores das unidades de titularização podem exigir, por inteiro, o ressarcimento do prejuízo que lhes tenha sido causado por violação de alguma norma aplicável à gestão do fundo ou de alguma regra constante do regulamento de gestão indistintamente à sociedade gestora, ao depositário ou a ambos. A entidade que efectue o pagamento da indemnização tem direito de regresso sobre a outra. As quotas de responsabilidade no crédito podem ser objecto de previsão e estipulação no contrato de depósito. Com efeito, poder-se-á estar na presença de uma inobservância dos deveres próprios do depositário ou da sociedade gestora.

Número 2

2 – É também solidária a **responsabilidade** – da sociedade gestora e do depositário – **pela informação** constante **do regulamento de gestão.** Tal como

o é, nos termos gerais, a responsabilidade pela informação prestada no **prospecto** de emissão pública de unidades de titularização. Aqui, no entanto, com uma particularidade. Para que haja responsabilidade solidária é necessário que ambas as entidades – sociedade gestora e depositário – tenham agido com culpa.

3 – Não obstante o **contrato de depósito** apenas produzir **efeitos** a partir do momento de constituição do fundo (art. 28.º, n.º 2), importará ao depositário acompanhar a montagem da operação de titularização, designadamente a elaboração dos documentos informativos respeitantes ao fundo – regulamento de gestão e, sendo caso disso, o prospecto – e a *"due dilligence"* associada.

4 – A responsabilidade do depositário não parece estender-se aos actos – ou omissões – praticados pela **entidade gestora dos créditos** detidos pelo fundo. O mesmo não parece poder afirmar-se relativamente à sociedade gestora, a qual tendo contratado a administração dos créditos com terceiro deverá responsabilizar-se pelos actos e omissões deste nos mesmos termos em que o deve fazer em relação às demais entidades com que contrate a prestação de serviços referentes à administração do fundo.

Número 3

5 – A responsabilidade do depositário não sofre nenhuma alteração se este confiar a guarda dos valores que integram o fundo a um terceiro.

Artigo 26.º
Despesas do fundo

O regulamento de gestão deve prever todas as despesas e encargos que devam ser suportados pelo fundo, designadamente as remunerações dos serviços a prestar pela sociedade gestora, pelo depositário ou, nos casos em que a lei o permite, por terceiros.

ANOTAÇÕES

Remissões para outras normas:
Art. 12.º, n.º 4. Art. 29.º, n.º 2, alínea i).

Devem constar do regulamento de gestão todas as despesas e encargos a suportar pelo fundo, designadamente as remunerações dos serviços da sociedade gestora, do depositário e de terceiros que prestem serviços ao fundo (v.g., os gestores dos créditos). Nada parece obstar a que a comissão de gestão varie em função do desempenho do fundo – ou que integre uma componente variável que considere aquele desempenho. Não obstante, atenta a natureza dos fundos de titularização, a remuneração da sociedade gestora através de uma comissão de desempenho será menos provável que num fundo de investimento, mobiliário ou imobiliário.

Para além das aludidas remunerações, poderão ainda constituir encargos do fundo as contrapartidas devidas pela celebração de contratos de empréstimo ou de cobertura de riscos.

SECÇÃO IV

Constituição dos fundos de titularização e regulamento de gestão

Artigo 27.º

Autorização

1 – A constituição de fundos depende de autorização da CMVM.

2 – O pedido de autorização, a apresentar pela sociedade gestora, deve ser instruído com os seguintes documentos:
    a) Projecto do regulamento de gestão;
    b) Projecto de contrato a celebrar com o depositário;
    c) Contrato de aquisição dos créditos que irão integrar o fundo;
    d) Se for caso disso, projecto dos contratos de gestão dos créditos, a celebrar nos termos do artigo 5.º;
    e) Plano financeiro previsional do fundo, detalhando os fluxos financeiros que se prevêem para toda a sua duração e a respectiva afectação aos detentores das unidades de titularização.

3 – Caso as unidades de titularização se destinem a ser emitidas com recurso a subscrição pública, o pedido deve ainda ser instruído com os seguintes documentos:
    a) Projecto de prospecto;
    b) Contrato de colocação;
    c) Relatório elaborado por uma sociedade de notação de risco registada na CMVM.

4 – O relatório de notação de risco a que alude a alínea c) do número anterior deve conter, pelo menos e sem prejuízo de outros que a CMVM, por regulamento venha a estabelecer:
    a) Apreciação sobre a qualidade dos créditos que integram o fundo e, se este detiver créditos de qualidade distinta, uma

análise sobre a qualidade de cada categoria de créditos detidos;
b) Confirmação sobre os pressupostos e consistência das perspectivas de evolução patrimonial na base das quais foi financeiramente planeada a operação;
c) A adequação da estrutura da operação, incluindo os meios necessários para a gestão dos créditos;
d) A natureza e adequação das eventuais garantias de que beneficiem os detentores das unidades de titularização;
e) O risco de solvabilidade inerente a cada unidade de titularização emitida pelo fundo.

5 – Se a entidade cedente dos créditos a adquirir pelo fundo for instituição de crédito, sociedade financeira, empresa de seguros, fundo de pensões ou sociedade gestora de fundos de pensões, a autorização depende de parecer favorável a emitir pelo Banco de Portugal ou pelo Instituto de Seguros de Portugal, consoante o caso.

6 – O prazo para a emissão dos pareceres referidos no número anterior é de 30 dias contados da data de recepção da cópia do processo que a CMVM enviará ao Banco de Portugal ou ao Instituto de Seguros de Portugal, consoante o caso.

7 – A CMVM pode solicitar à sociedade gestora os esclarecimentos e as informações complementares que repute adequados, bem como as alterações necessárias aos documentos que instruem o pedido.

8 – A decisão deve ser notificada pela CMVM à requerente no prazo de 30 dias a contar da data de recepção do pedido ou, se for o caso, da recepção dos pareceres previstos no n.º 3, das informações complementares ou dos documentos alterados a que se refere o número anterior, mas em caso nenhum depois de decorridos 90 dias sobre a data de apresentação do pedido.

9 – Quando a sociedade gestora requeira que a emissão das unidades de titularização se realize por recurso a subscrição pública, a concessão de autorização implica o registo da oferta pública de subscrição.

ANOTAÇÕES

Remissões para outras normas:
    N.º 2, alínea a): Art. 29.º.
    N.º 2, alínea b): Art. 23.º, n.º 4.

N.º 2, alínea c): Arts. 4.º, 6.º e 7.º.
N.º 2, alínea d): Art. 5.º.
N.º 3: Art. 34.º.
N.º 3, alínea a): Anexo V ao Regulamento da CMVM n.º 10/2000.
N.º 3, alínea b): Art. 337.º, n.º 2, alínea b). Arts. 337.º a 342.º do Código dos Valores Mobiliários.
N.º 3, alínea c): Art. 12.º do Código dos Valores Mobiliários. Regulamento n.º 7/2000 da CMVM.
N.º 4: Arts. 34.º, n.º 6, alínea b), 37.º, n.º 2, alínea a) e 46.º, n.º 5.

Número 1

1 – A constituição de fundos de titularização de créditos, tal como a constituição de fundos de investimento – mobiliário ou imobiliário –, encontra-se sujeita a **autorização** da CMVM.

Número 2

2 – Entre outros elementos que devem instruir o processo de autorização, conta-se o **contrato** – ou os contratos – **de cessão dos créditos** que irão integrar o fundo.

Número 4

3 – A elaboração de relatório de **notação de risco** é obrigatória, apenas, nos casos em que a emissão de unidades de titularização se efectue com recurso a subscrição pública. Trata-se, no entanto, de um elemento de especial relevância na montagem de uma operação de titularização. Assim, embora não constitua uma obrigação jurídica nas emissões por subscrição particular poderá revelar-se financeiramente necessária. Com efeito, pela complexidade e sofisticação das operações de titularização, os investidores não avaliam directamente o risco da operação – excepto se se tratar de operações destinadas a segmentos de investidores institucionais especializados neste mercado. Antes o fazem indirectamente, através de entidade terceira idónea e especialmente qualificada para a tarefa em causa – a sociedade de notação de risco. Esta avalia o risco da operação analisando, entre outros factores, os mecanismos de avaliação do risco de crédito dos cedentes, o perfil dos devedores e as respectivas situações financeiras – fundamentalmente por amostragem – ou a situação e a evolução expectável do sector de actividade em que os créditos se originaram. Aprecia também a própria operação de titularização. É, por isso, um fundamental elemento para suporte de uma decisão de investimento em unidades de titularização.

Número 5

4 – Se entre as entidades cedentes dos créditos a adquirir pelo fundo se incluirem instituições financeiras sujeitas a supervisão por autoridade nacional,

a CMVM antes de decidir sobre o pedido de autorização solicita parecer à autoridade competente. Solicitá-lo-á ao Banco de Portugal em relação às instituições de crédito e sociedades financeiras e ao Instituto de Seguros de Portugal relativamente às empresas de seguros, sociedades gestoras de fundos de pensões ou fundos de pensões.

O **parecer da autoridade de supervisão do cedente** é obrigatório e tem carácter vinculativo. Assim, caso seja emitido um parecer desfavorável a CMVM não pode autorizar a constituição do fundo. Não significa isto, contudo, que a constituição do fundo fique necessariamente inviabilizada. Com efeito, na hipótese de a autoridade de supervisão se opôr à transmissão de determinados créditos – de determinado volume de créditos ou de créditos detidos por um dado cedente –, a sociedade gestora do fundo poderá optar por alterar os termos da operação não incluindo os créditos em causa ou substituindo-os por outros. Tudo dependerá da operação de titularização em concreto e da importância relativa dos créditos objecto do parecer negativo. Em qualquer caso, a sociedade gestora beneficiará em contemplar e acautelar situações deste tipo no contrato de cessão dos créditos.

5 – O parecer em causa é sempre emitido de um prisma da supervisão prudencial da instituição financeira em causa – não do controlo de legalidade da operação, para o qual a CMVM é exclusivamente competente.

6 – Se se confrontar a **intervenção das autoridades de supervisão dos cedentes** que sejam instituições financeiras nas operações de titularização efectuadas através de fundos com as realizadas por recurso a sociedades de titularização verificar-se-á que neste último caso não se encontra, legal ou regulamentarmente, prevista nenhuma intervenção específica daquelas autoridades. Com efeito, não é necessária a emissão de parecer nem para a transmissão dos créditos para a sociedade nem para a emissão das obrigações, titularizadas ou não, pela referida sociedade. Tal não significa, porém, que a CMVM não solicite parecer no âmbito do processo de registo de emissão de obrigações – parecer que seria facultativo e não vinculativo. Não significa, igualmente, que as próprias autoridades de supervisão por sua iniciativa controlem e, sendo caso disso, se oponham a cessões de créditos para titularização.

7 – Também nas hipóteses de **aquisições subsequentes de créditos** por fundos de património variável ou nas de aquisições em substituição de créditos antecipadamente cumpridos não é necessária a emissão de novo parecer pela autoridade de supervisão competente. Estas situações, porque previstas no regulamento de gestão aquando da constituição do fundo, devem ser apreciadas logo no parecer emitido no âmbito do processo de autorização – sem prejuízo do ulterior controlo das cessões pelas autoridades de supervisão.

Número 8

8 – O **prazo** limite **para apreciação do pedido** de constituição do fundo pela CMVM é de 30 dias, contados da data de apresentação do pedido, da recepção de esclarecimentos ou informações complementares ou dos documentos alterados que a CMVM tenha solicitado ou, ainda, da recepção do último dos pareceres das autoridades de supervisão dos cedentes que sejam instituições financeiras. No entanto, em caso nenhum entre a apresentação do pedido e a decisão final poderão mediar mais de 90 dias.

Número 9

9 – A concessão da autorização para constituição do fundo implica o registo da oferta pública de subscrição das unidades de titularização.

ARTIGO 28.º
Constituição

1 – O fundo considera-se constituído no momento da liquidação financeira da subscrição das unidades de titularização.

2 – O contrato de aquisição dos créditos e o contrato com a entidade depositária produzem efeitos na data de constituição do fundo.

3 – No prazo de três dias contados da data de constituição do fundo, a sociedade gestora informa o público sobre esse facto através da publicação de anúncio no *Boletim de Cotações da Bolsa de Valores de Lisboa* **e em jornal de grande circulação no País.**

ANOTAÇÕES

Remissões para outras normas:
   N.º 2: Art. 4.º, n.º 4.

Número 2

É no momento da liquidação financeira das unidades de titularização – da constituição do fundo – que o contrato de cessão dos créditos se torna eficaz.

ARTIGO 29.º
Regulamento de gestão

1 – A sociedade gestora deve elaborar um regulamento de gestão para cada fundo que administre.

2 – O regulamento de gestão deve conter, pelo menos, informação sobre os seguintes elementos:
 a) Denominação e duração do fundo, bem como identificação da decisão que haja autorizado a sua constituição;
 b) Identificação da sociedade gestora e do depositário;
 c) As características dos créditos, ou das categorias homogéneas de créditos, que integrem o fundo e o regime da sua gestão, designadamente se estes serviços serão prestados pelo fundo, através da sociedade gestora ou do depositário, pelo cedente ou por terceira entidade idónea;
 d) Os direitos inerentes a cada categoria de unidades de titularização a emitir pelo fundo, nomeadamente os referidos no artigo 32.º;
 e) Regras relativas à ordem de prioridade dos pagamentos a efectuar pelo fundo;
 f) Termos e condições de liquidação e partilha do fundo, designadamente sobre a transmissão dos créditos detidos pelo fundo à data de liquidação;
 g) Os contratos a celebrar pela sociedade gestora, por conta do fundo, destinados á cobertura de riscos que se preveja que este último possa vir a incorrer, designadamente o risco da insuficiência dos montantes recebidos dos devedores dos créditos do fundo para cumprir as obrigações de pagamento dos rendimentos periódicos e de reembolso das unidades de titularização;
 h) Termos e condições dos empréstimos que a sociedade gestora pode contrair por conta do fundo;
 i) Remuneração dos serviços da sociedade gestora e do depositário, respectivos modos de cálculo e condições de cobrança, bem como quaisquer outras despesas e encargos que devam ser suportados pelo fundo;
 j) Deveres da sociedade gestora e do depositário;
 l) Termos e condições em que seja admitida a alienação de créditos vencidos.

3 – No caso de fundos de património variável em relação aos quais se encontre prevista, nos termos da alínea a) do n.º 2 do artigo 10.º, a aquisição subsequente de créditos, o regulamento de gestão deve ainda conter informação relativa aos créditos a adquirir em momento posterior ao da constituição do fundo, designadamente sobre:
 a) As características dos créditos;

b) O montante máximo dos créditos a adquirir;
c) A calendarização prevista para as aquisições e respectivos montantes;
d) Procedimentos a adoptar no caso de, por motivos excepcionais, não ser possível concretizar as aquisições previstas.

4 – No caso de fundos de património variável em que se encontre prevista, nos termos da alínea b) do n.º 2 do artigo 10.º, a realização de novas emissões de unidades de titularização, o regulamento de gestão deve ainda conter informação sobre os direitos inerentes às unidades de titularização a emitir, sobre os montantes das emissões, a calendarização prevista para as emissões e sobre as eventuais consequências das novas emissões em relação às unidades de titularização existentes.

5 – Na hipótese de o regulamento de gestão permitir a modificação do activo do fundo, de acordo com o previsto no artigo 11.º, deve estabelecer os termos e condições em que a mesma se pode realizar.

6 – As informações a prestar sobre as características dos créditos nunca poderão permitir a identificação dos devedores.

7 – As alterações ao regulamento de gestão ficam dependentes de autorização da CMVM, incluindo nos casos em que, nos termos da alínea b) do n.º 2 do artigo 10.º, sejam realizadas novas emissões de unidades de titularização.

ANOTAÇÕES

Remissões para outras normas:
N.º 2, alínea d): Art. 32.º. Art. 33.º.
N.º 2, alínea f): Art. 38.º.
N.º 2, alínea g): Art. 14.º. Art. 24.º, n.º 3.
N.º 2, alínea h): Art. 13.º.
N.º 2, alínea i): Art. 12.º, n.º 4. Art. 26.º.
N.º 2, alínea j): Art. 18.º. Art. 24.º.
N.º 2, alínea l): Art. 12.º, n.º 5.
N.º 3: Art. 10.º, n.º 2, alínea a).
N.º 4: Art. 10.º, n.º 2, alínea b).
N.º 5: Art. 11.º.

Número 1

1 – Tal como acontece para os fundos de investimento, mobiliário e imobiliário, é **obrigatória** a **existência de** um **regulamento de gestão** para cada

fundo de titularização de créditos que seja constituído. Cabe à sociedade gestora elaborar este documento que, devendo ser disponibilizado aos subscritores de unidades – os quais o aceitam nesse acto –, reúne a informação sobre as principais características do fundo, dos créditos que o integram, das suas unidades de titularização, a identidade da sociedade gestora e do depositário ou sobre os encargos e despesas que o fundo pode suportar.

Número 2

2 – Os fundos devem ter uma **duração** determinada. Ao contrário do que é permitido em relação aos fundos de investimento mobiliário fechados cujas unidades de participação sejam admitidas à cotação, os fundos não podem ser constituídos por tempo indeterminado. O regime não estabelece prazos, mínimo ou máximo, de duração nem prevê a possibilidade de o prazo de duração ser prorrogado.

Na impossibilidade de se constituirem por tempo indeterminado, os fundos de património variável destinados a operações de titularização de créditos de massa tenderão a durar por prazos mais longos.

Número 3

3 – O regulamento de gestão de **fundo de património variável** em que se encontre prevista a aquisição subsequente de créditos, deve prestar informação sobre essa aquisição. À semelhança do que se estabelece para os créditos adquiridos no momento de constituição, informação sobre as características dos créditos. Também informação sobre o montante máximo de créditos a adquirir subsequentemente e sobre o ritmo previsível para as aquisições subsequentes – calendário e montantes de cada tranche.

Apenas por motivo de força maior o fundo ficará dispensado de proceder às aquisições subsequentes. Deverá sempre o regulamento de gestão informar sobre os procedimentos a adoptar nessa hipótese.

Número 5

4 – Se o fundo, ainda que de património fixo, puder adquirir créditos na hipótese de os créditos inicialmente adquiridos serem antecipadamente reembolsados pelos respectivos devedores, deverá o regulamento de gestão que preveja essa possibilidade estabelecer os termos da aquisição. Com efeito, deverá não só informar sobre as características dos novos créditos a adquirir – em moldes semelhantes aos das aquisições iniciais e subsequentes – como também sobre as situações em que a aquisição se poderá efectuar (v.g., o montante de reembolsos antecipados que terá de se verificar, o momento do período de duração do fundo em que se terá de verificar aquele nível de cumprimentos antecipados).

Número 6

5 – Todo o regime foi concebido de molde a esbater tanto quanto possível os efeitos da operação de titularização sobre os devedores dos créditos objecto da mesma – em especial quando esses devedores sejam consumidores de serviços financeiros. A preocupação de manutenção do sigilo a que as instituições financeiras estão vinculadas sobre a identificação dos seus clientes justifica, também, que o Regime esclareça que a informação sobre os créditos deve ser prestada sem referências à **identidade dos devedores** (vide Manuel Monteiro, ob. cit., p. 207).

De resto, uma correcta análise da adequação da operação de titularização – pelo investidor – não se encontra dependente do conhecimento da identidade dos devedores ou da detenção de informação, em base individual, sobre estes – até porque se está na presença de cessões de créditos em massa. Nem, recorde-se, pelas características das operações, a situação financeira – presente ou futura – dos próprios cedentes é relevante. Assim, também não se vê como necessária, em sede de regulamento de gestão, a divulgação de informação sobre os cedentes – embora neste domínio já tal seja possível.

A expectativa de solvabilidade dos devedores e a eficácia dos critérios de análise do risco de crédito empregues pelos cedentes reflecte-se na classificação de risco atribuída, obrigatória ou facultativamente, à operação.

Número 7

6 – Todas as **alterações** ao regulamento de gestão ficam sujeitas a autorização da CMVM. Não se seguiu o regime dos fundos de investimento, mobiliário e imobiliário, em que se opta por um sistema misto de mera comunicação e de sujeição a autorização – na generalidade dos casos bastando uma autorização tácita –, consoante as matérias sobre que verse a alteração. Não se prevê, também ao contrário do que sucede para os fundos de investimento, a comunicação das alterações aos detentores de unidades ou a publicação das alterações. Não obstante, as alterações, como condição da respectiva oponibilidade aos detentores de unidades, devem ser divulgadas perante estes – por publicação ou por notificação, v.g.

A alteração do activo do fundo através da realização de novas emissões de unidades de titularização – para aquisição de novos créditos ou para substituição de unidades entretanto reembolsadas, v.g. –, está sujeita a autorização pela CMVM, considerando-se uma alteração ao regulamento de gestão. Já não assim as meras aquisições subsequentes de créditos, quer nos fundos de património variável quer em relação a créditos antecipadamente reembolsados. Nestes casos, a aquisição subsequente, prevista e efectuada nos termos do regulamento de gestão, não consubstancia uma alteração ao regulamento de gestão. Não está, por isso, sujeita a autorização da CMVM. Embora o Regime não preveja sequer uma comunicação pela sociedade gestora à CMVM sobre a realização daquelas aquisições subsequentes de créditos, a entidade de supervisão poderá pedir para ser informada sobre as mesmas.

ARTIGO 30.º
Domicílio

Consideram-se domiciliados em Portugal os fundos administrados por sociedade gestora cuja sede esteja situada em território nacional.

ANOTAÇÕES

Art. 15.º, n.º 2.

Por força desta regra de domiciliação, o Regime – a lei portuguesa – torna-se aplicável a todos os fundos de titularização administrados por sociedade gestora à qual seja igualmente aplicável a lei portuguesa. Em outras operações de titularização cujo veículo se regule por lei estrangeira, o ordenamento nacional só rege, nos termos gerais, a comercialização em território português dos valores emitidos pelo veículo.

SECÇÃO V
Unidades de titularização

ARTIGO 31.º
Natureza e emissão das unidades de titularização

1 – As unidades de titularização são valores mobiliários, devendo assumir forma escritural.

2 – Ao registo e controlo das unidades de titularização é aplicável o regime dos valores mobiliários escriturais.

3 – As unidades de titularização não podem ser emitidas sem que a importância correspondente ao preço de emissão seja efectivamente integrada no activo do fundo.

4 – Na data de constituição do fundo, as contas de subscrição das unidades de titularização convertem-se em contas de registo de valores mobiliários, nos termos do Código dos Valores Mobiliários.

5 – A subscrição das unidades de titularização implica a aceitação do regulamento de gestão e confere à sociedade gestora os poderes necessários para que esta administre com autonomia o fundo.

6 – As entidades cedentes podem adquirir unidades de titularização de fundos para os quais hajam transmitido créditos.

ANOTAÇÕES

Remissões para outras normas:
- **N.º 2**: Arts. 39.º a 94.º do Código dos Valores Mobiliários. Portaria n.º 290/2000, de 25 de Maio. Arts. 4.º, 8.º, 17.º, n.º 1, alínea c), 18.º e 36.º do Regulamento da CMVM n.º 14/2000, de 23 de Fevereiro. Arts. 12.º a 15.º, 25.º e 26.º do Regulamento da Interbolsa n.º 3//2000, de 22 de Setembro.
- **N.º 3**: Art. 27.º, n.º 3 do RjFIM. Art. 30.º, n.º 3, do RjFII.
- **N.º 4**: Art. 73.º, n.º 3 do Código dos Valores Mobiliários. Arts. 10.º e 12.º do Regulamento da CMVM n.º 14/2000, de 23 de Fevereiro. Art. 28.º, n.º 1.

Número 1

1 – Revestindo a **natureza de valores mobiliários** e, obrigatoriamente, a forma escritural de representação – no que constitui um desvio ao princípio da livre conversão, consagrado no art. 48.º do CVM –, às unidades é aplicável o regime geral dos valores mobiliários **escriturais**. Não se estando na presença de unidades de participação em instituições de investimento colectivo, a qualificação das unidades de titularização como valores mobiliários resulta do Regime e não do Código dos Valores Mobiliários.

Número 2

2 – A **emissão** está sujeita a **registo** junto da entidade emitente (arts. 43.º, n.º 1 e 44.º, n.ºs 1 e 2 do CVM). Registo este que parece poder ser organizado pela própria sociedade gestora ou pelo depositário.

Caso sejam admitidas à negociação em mercado regulamentado, as unidades serão necessariamente integradas em sistema centralizado de valores mobiliários (art. 62.º do CVM). Poderão também sê-lo voluntariamente, a pedido da sociedade gestora. Em qualquer destas situações, a entidade emitente abrirá, junto da entidade gestora do sistema centralizado, uma conta de controlo da emissão que reproduzirá, parcialmente, a conta de registo da emissão junto da própria entidade emitente (arts. 44.º, n.º 3, alínea a) e 91.º, n.º 1, alínea c) do CVM).

Caso não se encontrem integradas em sistema centralizado, as unidades devem ser registadas num único intermediário financeiro indicado, para o efeito, pela sociedade gestora. Nestas situações, não há nenhuma conta global, havendo apenas uma conta de emissão junto do intermediário financeiro, recíproca da conta de emissão junto do emitente, só podendo ser prestados serviços de custódia das unidades em causa pelo intermediário escolhido pela sociedade gestora.

Número 6

3 – O Regime permite expressamente às entidades que tenham transmitido créditos para o fundo, independentemente do peso relativo dos créditos, a **aquisição de unidades**. Pode assim um cedente, designadamente um cedente relevante, participar no risco da operação de titularização.

Artigo 32.º
Direitos inerentes às unidades de titularização

1 – As unidades de titularização conferem aos respectivos detentores, cumulativa ou exclusivamente, os seguintes direitos, nos termos e condições estabelecidos no regulamento de gestão:
   a) Direito ao pagamento de rendimentos periódicos;
   b) Direito ao reembolso do valor nominal das unidades de titularização;
   c) Direito, no termo do processo de liquidação e partilha do fundo, à parte que proporcionalmente lhes competir do montante que remanescer depois de pagos os rendimentos periódicos e todas as demais despesas e encargos do fundo.

2 – Sem prejuízo do direito de exigir o cumprimento do disposto na lei e no regulamento de gestão, os detentores das unidades de titularização não podem dar instruções à sociedade gestora relativamente à administração do fundo.

3 – Desde que o regulamento de gestão o preveja, os fundos podem emitir unidades de titularização de diferentes categorias que confiram direitos iguais entre si mas distintos dos das demais unidades de titularização, designadamente quanto ao grau de preferência no pagamento dos rendimentos periódicos, no reembolso do valor nominal ou no pagamento do saldo de liquidação.

4 – O risco de simples mora ou de incumprimento das obrigações correspondentes aos créditos que integrarem o fundo corre por conta dos titulares das unidades de titularização, não podendo a sociedade gestora ser responsabilizada pela mora ou incumprimento das obrigações referidas no n.º 1 que sejam causados por aquelas circunstâncias, sem prejuízo do disposto nos n.ºs 1 e 2 do artigo 25.º.

ANOTAÇÕES

Remissões para outras normas:
 N.º 1: Art. 29.º, n.º 2, alínea d).
 N.º 2: Art. 16.º, n.º 1.
 N.º 3: Art. 29.º, n.º 2, alínea d). Art. 29.º, n.º 4.

Número 1

1 – Entre os **direitos** que podem ser conferidos pelas unidades de titularização contam-se os direitos ao pagamento de rendimentos periódicos, ao reembolso do valor nominal ou ao pagamento do saldo de liquidação. As unidades devem conferir, pelo menos, um destes direitos podendo conferir todos os mencionados direitos ou combiná-los.

Poderão, deste modo, ser emitidas unidades que não confiram direito ao saldo de liquidação mas tão só ao pagamento de rendimentos periódicos e ao reembolso do valor nominal. As unidades assim emitidas serão, enquanto instrumento financeiro, muito semelhantes às obrigações. Poderão, ainda, ser emitidas unidades que não confiram direito ao reembolso do valor nominal mas apenas ao pagamento da parte que lhes competir no saldo de liquidação, v.g.. Estas provavelmente destinadas ao cedente, assim permitindo que o saldo positivo para ele reverta em resultado – e compensação –, por exemplo, das condições em que os créditos foram transmitidos para o fundo. Não é também de afastar a possibilidade de a remuneração de determinadas entidades – v.g., prestadoras de garantias aos detentores de unidades – ser efectuada através da aplicação de uma percentagem sobre o saldo de liquidação.

Número 3

2 – Desde que contemplado no regulamento de gestão, o fundo pode ter unidades de diferentes **categorias**. Estas conferirão direitos iguais entre si mas distintos dos das demais categorias de unidades.

Poderão, como exemplifica a norma, atribuir um grau de preferência no pagamento dos rendimentos ou no reembolso. Podem também, por exemplo, emitir uma categoria de unidades cujo pagamento de rendimentos – ou de determinados rendimentos – beneficie, total ou parcialmente, de garantia prestada por terceiro. Podem, ainda, ser emitidas unidades destinadas a ser detidas pelos próprios cedentes por forma a fazê-los participar no risco da operação de titularização. Seria o caso de unidades que confiram direito apenas ao saldo de liquidação ou que, conferindo direito ao reembolso do valor nominal, o graduem após o integral reembolso de unidades de outras categorias. O prazo de reembolso ou a faculdade de reembolso antecipado poderá também distinguir diversas categorias de unidades. Nos fundos de património variável, a aquisição subsequente de créditos poderá dar origem à emissão de unidades de distinta categoria.

ARTIGO 33.º
Reembolso antecipado das unidades de titularização

A sociedade gestora pode, desde que o regulamento de gestão o preveja, proceder, antes da liquidação e partilha do fundo, em uma ou mais vezes, a reembolsos parciais ou integrais das unidades de titularização, contanto que seja assegurada a igualdade de tratamento dos detentores de unidades da mesma categoria.

ANOTAÇÕES

O regulamento de gestão pode permitir à sociedade gestora proceder ao **reembolso antecipado** das unidades, desde que respeitado o princípio da igualdade de tratamento dos detentores de unidades de uma mesma categoria. O reembolso antecipado pode ser total ou parcial.

ARTIGO 34.º
Oferta pública de subscrição de unidades de titularização

1 – A emissão de unidades de titularização pode efectuar-se com recurso a subscrição pública, sendo aplicável à oferta o disposto no Código dos Valores Mobiliários.
2 – O lançamento da oferta pública de subscrição é feito, pela sociedade gestora, através da publicação do prospecto no *Boletim de Cotações da Bolsa de Valores de Lisboa*.
3 – São responsáveis pela suficiência, veracidade, objectividade e actualidade das informações que constem do prospecto, à data da sua publicação:
    a) A sociedade gestora;
    b) O depositário;
    c) Os membros do órgão de administração da sociedade gestora e do depositário;
    d) As pessoas que, com o seu consentimento, sejam nomeadas no anúncio de lançamento como tendo preparado ou verificado qualquer informação nele incluída, ou qualquer estudo, previsão ou avaliação em que essa informação se baseie, relativamente à informação, estudo, previsão ou avaliação em causa;

e) As entidades cedentes e os membros dos seus órgãos de administração e fiscalização, relativamente à verificação da informação relacionada com os créditos a transmitir ao fundo e com as entidades em causa;
f) Os intermediários financeiros encarregados da colocação da emissão.

4 – O prazo da oferta deve ser aprovado pela CMVM, iniciando-se no dia útil seguinte ao da publicação dos documentos referidos no n.º 1.

5 – Em caso de subscrição incompleta a emissão fica sem efeito, excepto se o prospecto tiver previsto que a emissão fica limitada às subscrições recolhidas.

6 – A CMVM define, por regulamento, a informação a constar do prospecto, designadamente:
  a) O conteúdo integral do regulamento de gestão;
  b) As partes do relatório de notação de risco a que alude a alínea c) do n.º 3 do artigo 27.º que devem ser reproduzidas;
  c) Súmula do plano financeiro previsional do fundo;
  d) Relatório de auditoria sobre os pressupostos e a consistência do plano previsional do fundo.

ANOTAÇÕES

Remissões para outras normas:
  N.º 1: Título III do Código dos Valores Mobiliários. Art. 27.º, n.º 9.
  N.º 3: Art. 24.º, n.º 1, alínea j). Art. 25.º, n.º 2. Arts. 149.º a 154.º do Código dos Valores Mobiliários.
  N.º 4: Art. 125.º, n.º 1 do Código dos Valores Mobiliários.
  N.º 5: Art. 4.º, n.º 4.
  N.º 6: Art. 7.º, n.º 1 e Anexo V do Regulamento da CMVM n.º 10/2000, de 23 de Fevereiro. Art. 27.º, n.º 3, alínea e). Art. 27.º, n.º 2, alínea e) e n.º 4. Art. 29.º.

Número 1

1 – Não obstante o número 1 estabelecer que a **oferta pública de subscrição** de unidades de titularização se rege pelo disposto no Código dos Valores Mobiliários, a aplicabilidade deste – do seu Título III dedicado às ofertas públicas – não poderá deixar de ser considerada subsidiária face às regras especiais constantes do Regime. Pense-se, por exemplo, que o pedido de registo é apre-

ciado não através de um processo próprio mas sim no âmbito do pedido de autorização para constituição do fundo (art. 27.º, n.º 9). Por outro lado, a natureza específica dos valores mobiliários e do emitente afastam a aplicabilidade de parte das normas do Código sobre ofertas públicas.

Importará ter presente, para efeitos de qualificação da própria forma de comercialização – como pública ou particular – os arts. 109.º e 110.º do Cód. VM.

Número 3

2 – Entre os **responsáveis pelo prospecto**, merecem uma especial referência o depositário e as entidades cedentes.

A responsabilidade do depositário é corolário do dever de vigilância consagrado na alínea j) do número 1 do art. 24.º. Esta responsabilidade do depositário pela qualidade da informação constante do prospecto implica que proceda à verificação da informação e, de modo mais amplo, fiscalize a própria montagem da oferta pública. De resto, mesmo no âmbito de emissões particulares o depositário é também responsável, com a sociedade gestora, pela qualidade da informação constante do regulamento de gestão, o que denota uma preocupação do legislador em reforçar a tutela dos interesses dos investidores obtida pela maior capacidade financeira do depositário. No contrato de depósito, o depositário procurará assegurar, muito provavelmente, que a sociedade gestora fique obrigada a prestar-lhe todas as informações e esclarecimentos necessários à adequada vigilância da montagem da operação.

São também responsáveis por informação constante do prospecto as entidades cedentes. Esta responsabilidade circunscreve-se à informação sobre as próprias entidades cedentes – as actividades que originaram os créditos – e os créditos (n.ºs 3.4. e 4.2.1. do anexo V ao Regulamento da CMVM n.º 10/2000). Atente-se a que a responsabilidade dos cedentes se estende aos próprios membros não só do órgão de administração mas também do órgão de fiscalização, impondo a estes, sobretudo aos últimos, especiais deveres de verificação da informação constante do prospecto.

Ao regime da responsabilidade aplica-se o Código dos Valores Mobiliários, designadamente os seus artigos 149.º a 154.º.

A referência feita na alínea d) do número 3 a "anúncio de lançamento" deve ser, naturalmente, tida como feita ao prospecto, uma vez que aquele documento não carece de ser elaborado em ofertas públicas de unidades de titularização.

Número 5

4 – Tendo em consideração que os fundos financiam a aquisição dos créditos com o produto da **subscrição** das unidades de titularização, caso esta fique **incompleta**, em regra a emissão fica sem efeito e o fundo não se constitui.

Contudo, o prospecto pode prever que na hipótese de subscrição incompleta a emissão fique reduzida às subscrições recolhidas – ou o fique apenas se as subscrições registadas atingirem pelo menos um determinado nível. Caso tal se verifique, a sociedade gestora deverá assegurar que o contrato de cessão dos créditos – ou alguns desses contratos – preveja uma correspondente redução. A subsistência da emissão reduzida às subscrições efectuadas não poderá afectar o equilíbrio do fundo e as suas características. Por isso, deverá também a sociedade gestora procurar assegurar que a hipótese seja objecto de previsão no relatório de notação de risco e no plano financeiro previsional.

A solução é semelhante à contemplada no art. 457.º do Código das Sociedades Comerciais para a emissão de acções.

Número 6

4 – Ao contrário do que sucede para os fundos de investimento, mobiliário e imobiliário (art. 33.º, n.º 1 do RjFIM e art. 36.º, n.º 1 RjFII), para os fundos de titularização a elaboração de um **prospecto** só é obrigatória quando as unidades de titularização sejam emitidas com recurso a subscrição pública (art. 27.º, n.º 3, alínea a)).

Em solução semelhante à adoptada em relação ao prospecto completo dos fundos de investimento mobiliário (art. 33.º, n.º 2 do RjFIM), do prospecto deve fazer parte integrante o regulamento de gestão do fundo. Assim, não fará sentido exigir a inclusão no prospecto de informações que constam já do regulamento de gestão. Refiram-se, entre outras que o Anexo V do Regulamento da CMVM n.º 10/2000 prevê que constem também do próprio prospecto, as informações sobre as características das unidades de titularização, as condições de contracção de empréstimos, a identificação da sociedade gestora e do depositário e respectivos deveres ou as comissões que lhes sejam devidas pelo fundo, já prestadas no âmbito do regulamento de gestão. A prestação, no regulamento de gestão, de informações sobre as matérias igualmente previstas no mencionado Anexo V já com amplitude não inferior à exigida neste poderá obviar a situações de duplicação.

O prospecto deve incluir igualmente uma súmula do plano financeiro previsional do fundo, um relatório de auditoria, por auditor registado na CMVM, sobre os pressupostos e a consistência daquele plano bem como um resumo do relatório de notação de risco, o qual incluirá a classificação e os principais fundamentos.

Artigo 35.º
Negociação em bolsa

As unidades de titularização de fundos de titularização de créditos podem ser admitidas à negociação em bolsa.

ANOTAÇÕES

Arts. 227.º e 230.º do Código dos Valores Mobiliários. Art. 52.º e Anexo V ao Regulamento da CMVM n.º 10/2000, de 23 de Fevereiro.

1 – As unidades de fundo de titularização de créditos podem ser admitidas à negociação em mercado de bolsa a contado.
Os **requisitos de admissão à negociação** de unidades de titularização – v.g., capitalização bolsista previsível ou grau mínimo de dispersão – não se encontram previstos no Código dos Valores Mobiliários nem expressamente estabelecidos em regulamento da CMVM. No entanto, o Anexo V ao Regulamento da CMVM n.º 10/2000 – que define a estrutura do prospecto de oferta pública de distribuição de unidades de titularização – admite claramente a aplicabilidade do modelo definido ao prospecto de admissão à negociação.
Em relação aos requisitos gerais, previstos no art. 227.º do CVM, parece justificar-se fazer uma restrição de aplicação semelhante à resultante do número 2 do art. 52.º do Regulamento da CMVM n.º 10/2000 para as unidades de participação de fundos de investimento fechados. Na ausência de enquadramento regulamentar expresso, admite-se que também em relação às unidades de titularização se devam verificar os requisitos sobre capitalização bolsista previsível – pelo menos 5 milhões de euros – e sobre o grau mínimo de dispersão – 25% das unidades – exigíveis para a admissão de unidades de participação de fundos de investimento fechados ao mercado de cotações oficiais.

2 – Nada parece obstar a que sejam celebrados **contratos de fomento** – de liquidez ou de estabilização – para admissões à negociação de unidades de titularização.

SECÇÃO VI

Contas do fundo, informação e supervisão

Artigo 36.º

Contas dos fundos

1 – A contabilidade dos fundos é organizada de harmonia com as normas emitidas pela CMVM.

2 – As contas dos fundos são encerradas anualmente com referência a 31 de Dezembro e devem ser certificadas por auditor registado na CMVM que não integre o conselho fiscal da sociedade gestora.

3 – Até 31 de Março de cada ano, a sociedade gestora deve colocar à disposição dos interessados, na sua sede e na sede do depositário, o balanço e a demonstração de resultados de cada fundo que administre, acompanhados de um relatório elaborado pela sociedade gestora e da certificação legal das contas referida no número anterior.

4 – O relatório da sociedade gestora a que alude o número anterior contém uma descrição das actividades do respectivo exercício e as informações relevantes que permitam aos detentores das unidades de titularização apreciar a evolução da actividade do fundo.

5 – As sociedades gestoras são obrigadas a remeter à CMVM, até 31 de Março de cada ano, ou logo que sejam disponibilizados aos interessados, os documentos referidos no n.º 3.

ANOTAÇÕES

Remissões para outras normas:
N.º 2: Arts. 8.º a 10.º do Código dos Valores Mobiliários.

Número 1

1 – A CMVM não estabeleceu ainda, por regulamento, as **regras** a que deve obedecer a organização **da contabilidade dos fundos**.

A específica natureza dos fundos de titularização, designadamente a composição do património que os integra, não permite a aplicabilidade, ainda que com adaptações, das normas sobre organização da contabilidade de fundos de investimento mobiliário (Regulamento da CMVM n.º 31/2000, de 5 de Setembro).

Números 2 e 3

2 – À semelhança do que sucede com os fundos de investimento mobiliário, os fundos de titularização, através das respectivas sociedades gestoras, elaboram contas anuais – balanço, demonstração de resultados e relatório da sociedade gestora –, devendo as mesmas ser objecto de certificação por auditor registado na CMVM que não integre o órgão de fiscalização da sociedade. O exercício coincide com o ano civil.

Número 5

3 – Os documentos de prestação de contas devem ser colocados à disposição dos detentores de unidades – na sede da sociedade gestora e na sede do depositário – até 31 de Março do ano seguinte ao exercício a que respeitem, devendo ser entregues à CMVM no momento em que são disponibilizados aos interessados.

Não é estabelecido nenhum dever de publicação da informação – nem sequer de publicar anúncio a informar sobre a disponibilização dos documentos de prestação de contas. Não se encontram igualmente previstos deveres de informação das sociedades gestoras quanto a fundos cujas unidades se encontrem admitidas à negociação em mercado de bolsa – nomeadamente no Regulamento da CMVM n.º 11/2000, de 23 de Fevereiro. No entanto, a negociação em bolsa de unidades de titularização não poderá deixar de ser acompanhada do estabelecimento de deveres de informação ao público, podendo a CMVM, para esse efeito, exercer a competência regulamentar que lhe é conferida para estabelecer os termos das informações a prestar por entidades emitentes que não sejam sociedades comerciais (alínea a) do art. 247.º do CVM).

Artigo 37.º
Supervisão e prestação de informação

1 – Compete à CMVM a fiscalização da actividade dos fundos, sem prejuízo das competências do Banco de Portugal em matéria de supervisão das sociedades gestoras.
2 – A CMVM pode, por regulamento:
   a) Definir o conteúdo mínimo do relatório de notação de risco previsto na alínea c) do n.º 3 do art. 27.º;
   b) Estabelecer as condições em que pode ser concedido o registo preliminar de uma oferta pública de subscrição de unidades de titularização de fundo em constituição, com base no qual a sociedade gestora pode desenvolver acções de prospecção e sensibilização do mercado tendo em vista aferir a viabilidade e verificar as condições em que o fundo poderá ser constituído e a oferta lançada;
   c) Definir a periodicidade e o conteúdo da informação a prestar pela sociedade gestora à CMVM.

ANOTAÇÕES

Remissões para outras normas:
    N.º 2, alínea a): Art. 27.º, n.º 4. Capítulo V do Anexo V ao Regulamento da CMVM n.º 10/2000, de 23 de Fevereiro.
    N.º 2, alínea c): Arts. 164.º a 167.º do Código dos Valores Mobiliários. Arts. 22.º a 31.º do Regulamento da CMVM n.º 10/2000, de 23 de Fevereiro.

Número 1

1 – Tal como nos fundos de investimento, mobiliário e imobiliário, a supervisão da actividade de gestão dos fundos cabe à CMVM enquanto a supervisão das sociedades gestoras de fundos de titularização de créditos é efectuada pelo Banco de Portugal.

Número 2

2 – A CMVM não exerceu nenhuma das competências regulamentares que lhe são conferidas pelo número 2. O conteúdo mínimo do relatório de notação de risco não foi ampliado por via regulamentar nem foram consagrados regulamentarmente deveres de informação a prestar pela sociedade gestora à CMVM.

Não foram, igualmente, regulamentadas as condições de recolha de intenções de investimento para apuramento da viabilidade de ofertas públicas de subscrição de unidades e constituição do fundo. Não obstante, admite-se que o regime geral da recolha de intenções de investimento, seja susceptível de aplicação, com as devidas adaptações, aos fundos de titularização.

SECÇÃO VII
Liquidação e partilha dos fundos

Artigo 38.º
Liquidação e partilha

1 – Os detentores das unidades de titularização não podem exigir a liquidação e partilha dos fundos.

2 – Os fundos devem ser liquidados e partilhados no termo do prazo da respectiva duração, só podendo ser liquidados e partilhados antes do termo daquele prazo se o respectivo regulamento de gestão o admitir, designadamente caso os activos residuais representem menos de 10% do montante mínimo de créditos detidos pelo fundo desde o momento da respectiva constituição ou em caso de concentração da totalidade das unidades de titularização numa única entidade.

3 – Os fundos podem ainda ser liquidados e partilhados antes do termo do prazo de duração por determinação da CMVM no caso de ser revogada a autorização da sociedade gestora ou de se verificar outra causa de dissolução da sociedade, não sendo esta substituída.

4 – A conta de liquidação do fundo e a aplicação dos montantes apurados deve ser objecto de apreciação por auditor registado na CMVM.

5 – Os créditos que integrem o fundo à data da liquidação devem ser transmitidos nos termos e condições previstos no regulamento de gestão.

ANOTAÇÕES

Remissões para outras normas:
  N.º 2: Art. 29.º, n.º 2, alínea f).
  N.º 3: Art. 22.º, n.º 2. Art. 178.º do RGICSF. Arts. 141.º e 142.º do Código das Sociedades Comerciais.
  N.º 4: Art. 9.º do Código dos Valores Mobiliários.
  N.º 5: Art. 7.º, n.º 4. Art. 12.º, n.º 5. Art. 29.º, n.º 2, alínea f).

Número 2

1 – Em regra, a liquidação e partilha do fundo ocorre no termo do respectivo prazo de duração.

Contudo, o regulamento de gestão do fundo pode permitir que a liquidação e partilha se efectuem em momento anterior ao do termo do prazo de duração. Se estabelecer essa possibilidade, deverá prever as situações em que o fundo pode ser objecto de **liquidação antecipada**. A norma, a título meramente exemplificativo, elenca dois casos – o de a totalidade das unidades serem detidas por uma única entidade ou a hipótese de os activos que integram o fundo representarem menos de um décimo do montante mínimo de créditos que em qualquer momento tenha sido detido pelo fundo desde a sua constituição.

Número 3

2 – Para além dos casos eventualmente previstos no regulamento de gestão, o fundo pode ser **liquidado** e partilhado antecipadamente **por determinação da CMVM** se se verificar alguma causa de dissolução da sociedade gestora – revogação da autorização, v.g. – e esta não for substituída.

Número 5

3 – Em princípio, no momento de liquidação do fundo todos os créditos deverão encontrar-se extintos – o reembolso integral dos créditos tenderá a coincidir com o termo do prazo de duração do fundo. Se tal não acontecer, porque, v.g., o fundo é liquidado antes do termo do mencionado prazo ou porque os devedores entraram em situações de simples mora ou de não cumprimen-

to, os créditos devem ser objecto de transmissão, nos termos que sejam estabelecidos no regulamento de gestão. Recorde-se que os créditos vencidos podem ser objecto de transmissão, pelo fundo, em momento anterior ao da liquidação.

À **transmissão**, pelo fundo, **dos créditos** por si **detidos à data da liquidação** é aplicável o regime do contrato de cessão de créditos para efeitos de titularização, nomeadamente em matéria de forma e de isenções dos custos inerentes ao averbamento da transmissão de créditos garantidos por garantias sujeitas a registo. Naturalmente que o cessionário destes créditos já não terá que ser um fundo ou uma sociedade de titularização – nem na generalidade dos casos o poderia ser, atentas as prováveis características destes créditos.

CAPÍTULO III
SOCIEDADES DE TITULARIZAÇÃO DE CRÉDITOS

SECÇÃO I
Das sociedades de titularização de créditos

Artigo 39.º
Noção

As sociedades de titularização de créditos são sociedades financeiras constituídas sob a forma de sociedade anónima que têm por objecto exclusivo a realização de operações de titularização.

ANOTAÇÕES

Remissões para outras normas:
Arts. 1.º, n.º 1 e 175.º do RGICSF.

1 – Enquanto sociedades financeiras que são, a **constituição** de sociedades de titularização de créditos encontra-se sujeita a autorização do Banco de Portugal.

2 – Aparentemente, as sociedades de titularização não prestam **serviços de investimento,** designadamente não os prestam em valores mobiliários. Assim, não se podem considerar, nos termos do art. 199.º-A do RGICSF, empresas de investimento, não lhes sendo aplicáveis as especificidades resultantes do regime jurídico daquelas. Não se podem igualmente considerar, de acordo com o art. 293.º do Código dos Valores Mobiliários, intermediários financeiros em valores mobiliários. O início de actividade das sociedades de titularização não fica, por isso, dependente da obtenção do registo prévio na CMVM a que alude a alínea b) do n.º 1 do art. 295.º do Código citado – ao contrário do que sucede com as sociedades gestoras de fundos de titularização de créditos (art. 52.º).

3 – Pode-se discutir a opção legislativa de posicionar as sociedades de titularização no interior do sistema financeiro, qualificando-as como sociedades financeiras e fazendo-lhes aplicar o respectivo regime, designadamente as regras

de natureza prudencial. A opção poderá estar mais relacionada com uma visão global do sistema financeiro português – que acolhe entidades como as sociedades de capital de risco, as sociedades de desenvolvimento regional ou as sociedades de garantia mútua – e menos com uma mais abrangente interpretação do âmbito da actividade de recepção de fundos reembolsáveis. Sobre o assunto vd. Paulo Câmara, A operação de titularização, in Diogo Leite Campos *et alii*, "Titularização de Créditos", Instituto de Direito Bancário, Lisboa, 2000, pág. 87, nota 58.

ARTIGO 40.º

Objecto

1 – As sociedades de titularização de créditos têm por objecto exclusivo a realização de operações de titularização de créditos, mediante a sua aquisição, gestão e transmissão, bem como a emissão de obrigações para pagamento dos créditos adquiridos, nos termos dos capítulos I e III do presente decreto-lei.

2 – As sociedades de titularização de créditos podem ainda:
  a) Prestar serviços às entidades cedentes dos créditos em matéria de estudo dos riscos de crédito e de gestão dos créditos objecto da transmissão, incluindo apoio comercial e contabilístico, quando a administração dos mesmos seja assegurada pelas entidades cedentes;
  b) Sem prejuízo do disposto no n.º 1 do artigo 5.º, as sociedades de titularização de créditos podem contratar com terceiro idóneo a prestação dos serviços de gestão dos créditos adquiridos e das respectivas garantias.

ANOTAÇÕES

Remissões para outras normas:
  N.º 1: Art. 7.º do RGICSF. Art. 4.º.
  N.º 2, alínea a): Art. 2.º, n.º 2 do Decreto-Lei n.º 171/95, de 18 de Julho.
  N.º 2, alínea b): Art. 5.º.

Número 1

1 – As sociedades de titularização não podem exercer outra **actividade** que não a de montagem de operações de titularização de créditos.

Sobre a qualificação da titularização como uma operação, vd. Paulo Câmara, A operação de titularização, in ob. cit., pp. 75-78.

2 – À **aquisição dos créditos** são aplicáveis as regras gerais sobre titularização de créditos constantes do capítulo I, designadamente sobre os requisitos que devem observar os créditos para poderem ser cedidos a estas sociedades.

Número 2

3 – *(Alínea a))* Quando sejam as entidades cedentes a administrar os créditos, a sociedade de titularização pode prestar **serviços de assistência a** esses **cedentes**, nomeadamente na gestão dos créditos. Estes serviços, acessórios da actividade principal de realização de operações de titularização, são semelhantes aos que as sociedades de *factoring* podem prestar aos aderentes. A assistência à entidade cedente parece poder abranger actividades originadoras de créditos a ceder à sociedade de titularização – pense-se, v.g., na definição e aplicação dos critérios de avaliação do risco de crédito.

4 – *(Alínea b))* Pode ser a própria sociedade de titularização a assegurar a **gestão dos créditos** por si detidos. Em alternativa, poder-se-á também prever no contrato de cessão que a gestão seja efectuada pelas entidades cedentes. Por fim, é ainda admissível que os serviços de administração sejam prestados por terceiro. Este terceiro com quem a sociedade de titularização celebre contrato de prestação dos serviços de gestão dos créditos não terá que ser instituição de crédito nem sociedade financeira, bastando que seja entidade idónea adequadamente habilitada.

Sempre que o cedente seja instituição de crédito, sociedade financeira, empresa de seguros, sociedade gestora de fundos de pensões ou fundo de pensões, assegurará obrigatoriamente a gestão dos créditos por si cedidos a sociedade de titularização.

Pode coexistir uma pluralidade de gestores em relação à totalidade dos créditos detidos pela sociedade de titularização. Com efeito, uns podem ser administrados pelos respectivos cedentes, outros por terceiro e os demais pela própria sociedade, v.g.

ARTIGO 41.º
Transmissão de créditos

1 – Sem prejuízo do disposto no número seguinte, as sociedades de titularização de créditos só podem ceder créditos a fundos de titularização de créditos e a outras sociedades de titularização de créditos.

2 – As sociedades de titularização de créditos podem ainda transmitir os créditos de que sejam titulares nos seguintes casos:

a) Não cumprimento das obrigações correspondentes aos créditos;
b) Revelação de vícios ocultos ao cedente nos termos do respectivo contrato de cessão.

3 – Nos casos previstos no número anterior, os créditos só podem ser transmitidos por valor igual ou superior ao valor nominal se o cessionário for:
    a) Detentor de uma participação qualificada na sociedade de titularização de créditos, nos termos do n.º 7 do artigo 13.º do Regime Geral das Instituições de Crédito e Sociedades Financeiras, aprovado pelo Decreto-Lei n.º 298/92, de 31 de Dezembro;
    b) Membro dos órgãos sociais da sociedade de titularização de créditos;
    c) Sociedades em que as pessoas referidas na alínea anterior detenham participação qualificada.

ANOTAÇÕES

Remissões para outras normas:
    N.ºs 1, 2 e 3: Art. 5.º, n.º 3.
    N.ºs 1 e 2: Art. 7.º, n.º 4.
    N.º 3, alínea a): Art. 13.º, n.º 7 do RGICSF.

Número 1

1 – Às sociedades de titularização é permitida a **alienação dos créditos** por si detidos. Só os poderão transmitir, no entanto, a outras sociedades de titularização ou a fundos de titularização. Do ponto de vista dos adquirentes dos créditos assim transmitidos, nomeadamente dos fundos de titularização, a transmissão consubstancia uma normal cessão para titularização, aplicando-se-lhe o regime geral destas. Todavia, algumas particularidades poderão ter que ser tomadas em consideração atenta a circunstância de se estar perante uma espécie de cessão para titularização de segundo grau – v.g., cessão da posição contratual da sociedade de titularização em contratos de gestão dos créditos com terceiros.

Os créditos poderão ainda deixar de ser detidos pela sociedade em caso de dissolução e liquidação desta, nos termos gerais.

2 – Vide anotação 3 ao art. 45.º.

3 – Não parece de admitir a transmissão dos créditos a sociedade com objecto social semelhante ao das sociedades de titularização à qual se aplique lei

estrangeira ou a fundo de "securitização" de créditos ao qual não se aplique o Regime, sob pena de o frustrar.

4 – Não há para os créditos detidos por sociedade proibições de oneração semelhantes às vigentes para os fundos. No entanto, qualquer eventual oneração não pode ter por escopo garantir empréstimos uma vez que as sociedades não os podem contrair.

Número 2

5 – O Regime, recorde-se, não permite a transmissão de créditos detidos por fundos de titularização a não ser que se verifiquem **circunstâncias excepcionais**. Para além das já referidas (cfr. anotação n.º 1), também as sociedades de titularização podem transmitir créditos que detenham nas situações em que os fundos o podem fazer – em relação a créditos vencidos ou àqueles em que se tenham revelado vícios ocultos. Na primeira das mencionadas situações, o transmissário pode ser qualquer entidade – ao contrário do que sucede para as alienações ordinárias. Na segunda, terá que ser o cedente e a transmissão só se poderá efectuar se tal hipótese for prevista no contrato de cessão.

Número 3

6 – A transmissão de **créditos vencidos** deve obedecer a determinadas condições caso o transmissário seja detentor de participação qualificada – nos termos do Regime Geral das Instituições de Crédito e Sociedades Financeiras e não do Código dos Valores Mobiliários – na sociedade de titularização, membro dos seus órgãos sociais ou sociedade em que estes detenham participação qualificada. Com efeito, não poderão ser transmitidos abaixo do respectivo valor nominal o que, tratando-se de créditos vencidos, poderá inviabilizar as transmissões àquelas entidades.

Artigo 42.º

Firma e capital social

1 – A firma das sociedades referidas no artigo 39.º deve incluir a expressão "sociedade de titularização de créditos" ou a abreviatura STC, as quais, ou outras que com elas se confundam, não podem ser usadas por outras entidades que não as previstas no presente capítulo.

2 – O capital social das sociedades de titularização de créditos deve ser sempre representado por acções nominativas ou ao portador registadas.

ANOTAÇÕES

Remissões para outras normas:
  N.º 1: Art. 11.º do RGICSF.
  N.º 2: Arts. 95.º, n.º 1, 174.º, n.ºs 1, alínea c) e 2 e 196.º, do RGICSF.
  N.º 2 da Portaria n.º 284/2000, de 23 de Maio.
  Arts. 52.º e 53.º do CVM. Art. 10.º do Decreto-Lei n.º 486/99, de 13 de Novembro. Portaria n.º 290/2000, de 25 de Maio.

Número 2

1 – O **capital social mínimo** das sociedades de titularização de créditos é de 2 500 000 euros. Este montante é significativamente superior ao exigido para as sociedades gestoras de fundos de titularização de créditos. É também superior ao montante mínimo exigido para a generalidade dos tipos de sociedades financeiras e próximo dos valores mínimos estabelecidos para alguns tipos de instituições de crédito.

2 – Com a entrada em vigor do Código dos Valores Mobiliários foram eliminados os títulos ao portador registados, passando os valores mobiliários a poder assumir apenas uma de duas modalidades. Com efeito, podem ser nominativos ou ao portador, consoante o emitente tenha ou não a possibilidade de conhecer, a todo o momento, a identidade dos respectivos titulares. Assim, e por força de norma legal expressa, deve-se considerar que o capital social das sociedades de titularização de créditos tem que ser sempre representado por **acções nominativas**, as quais não podem ser convertidas em acções ao portador.

Artigo 43.º
Recursos financeiros

1 – As sociedades de titularização de créditos só podem financiar a sua actividade com fundos próprios e através da emissão de obrigações, de acordo com os artigos 46.º e seguintes.
2 – As sociedades de titularização de créditos podem:
  a) Realizar as operações cambiais necessárias ao exercício da sua actividade e celebrar contratos sobre derivados para cobertura de riscos;
  b) Adquirir, a título acessório, valores mobiliários cotados em mercado regulamentado, títulos de dívida, pública e privada, de curto prazo.

3 – Às sociedades de titularização de créditos fica vedado:
a) Adquirir obrigações próprias;
b) Emitir obrigações de caixa, nos termos do Decreto-Lei n.º 408/91, de 17 de Outubro.

ANOTAÇÕES

Remissões para outras normas:
N.º 1: Art. 50.º.
N.º 2, alínea a): Art. 14.º, n.º 1. Art. 6.º do Decreto-Lei n.º 72/95, de 15 de Abril. Art. 6.º do Decreto-Lei n.º 171/95, de 18 de Julho. Art. 13.º do Decreto-Lei n.º 25/91 de 11 de Janeiro.
N.º 2, alínea b): Art. 12.º, n.º 2.
N.º 3, alínea a): Art. 354.º do Código das Sociedades Comerciais.
N.º 3, alínea b): Art. 2.º do Decreto-Lei n.º 408/91, de 17 de Outubro (na redacção que lhe foi dada pelo art. 1.º do Decreto-Lei n.º 181/2000, de 10 de Agosto).

Número 1

1 – A actividade das sociedades de titularização de créditos tenderá a ser predominantemente financiada com recurso à emissão de obrigações. Embora possam emitir obrigações de qualquer espécie, titularizadas ou não, a actividade será fundamentalmente financiada com a emissão de obrigações titularizadas cuja notação de risco seja A ou equivalente. Com efeito, o não afastamento do limite geral de emissão de obrigações por sociedades anónimas em relação às demais emissões de obrigações – não titularizadas, titularizadas que não tenham sido objecto de notação de risco ou com classificação inferior à mencionada – conjugado com o elevado valor das operações de titularização afastará muito provavelmente, por motivos financeiros, o recurso a emissões que não revistam as mencionadas características.

Para além das emissões de obrigações, as sociedades de titularização não podem recorrer a outras **modalidades de financiamento** com recurso a capitais alheios. Não podem, designadamente, contrair empréstimos junto de instituições de crédito. Não parece, igualmente por força da aludida regra, que possam emitir papel comercial.

No demais, todo o financiamento da actividade deve ser feito com recurso a capitais próprios (sobre fundos próprios, vide a anotação ao art. 19.º).

Número 2

2 – *(Alínea a))* A norma que permite à sociedade realizar as **operações cambiais** que se revelem necessárias ao exercício da sua actividade encontra

paralelo nos regimes de instituições de crédito – sociedades de locação financeira e sociedades de factoring – e no de alguns outros tipos de sociedades financeiras – sociedades de desenvolvimento regional, v.g.

3 – *(Alínea b))* As sociedades podem, embora a título acessório, deter **valores mobiliários** contanto que os valores detidos sejam adquiridos em mercado regulamentado. Poderão igualmente deter títulos representativos de dívida de curto prazo.

A composição da carteira de valores mobiliários cuja detenção é permitida às sociedades é semelhante à que os fundos, igualmente a título acessório, podem deter – e mais ampla que a das sociedades gestoras dos fundos.

Número 3

4 – As sociedades de titularização estão impedidas de adquirir **obrigações próprias**.

Está vedado às sociedades de titularização emitir **obrigações de caixa**, quer porque o regime geral destes instrumentos financeiros apenas permite que sejam emitidas por alguns tipos de instituições de crédito – e não por sociedades financeiras – quer porque o Regime expressamente confirma a referida opção.

ARTIGO 44.º
Alterações societárias relevantes

1 – Dependem de autorização a conceder por assembleia especial de obrigacionistas onde estão presentes ou representados os titulares das obrigações emitidas pela sociedade de titularização de créditos, independentemente da sua natureza:
   a) **As aquisições de participações qualificadas em sociedade de titularização de créditos;**
   b) **A fusão, cisão ou alienação de parte significativa do património da sociedade de titularização de créditos.**

2 – O disposto no número anterior não é aplicável quando se encontrem integralmente reembolsadas todas as obrigações emitidas pela sociedade de titularização de créditos.

ANOTAÇÕES

N.º 1, alínea a): Arts. 107.º, 109.º, 120.º e 355º. do Código das Sociedades Comerciais. Art. 41.º.

Número 1

1 – Nas operações de titularização de créditos efectuadas através de veículo societário assume especial relevância a **manutenção do património** da sociedade, designadamente dos créditos que o integram, os quais sustentam as diversas operações efectuadas e reflectidas nas obrigações emitidas, sejam ou não titularizadas. Igualmente relevante – mais do que nas situações comuns – é a relação de confiança que se estabelece entre investidores quer com a gestão da sociedade quer com os principais detentores do capital.

Assim, qualquer vicissitude que possa afectar de modo relevante o património da sociedade fica dependente do consentimento dos obrigacionistas, quer dos detentores de obrigações titularizadas quer dos demais.

2 – É o que sucede em relação à **fusão** ou à **cisão** da sociedade, qualquer que seja a modalidade adoptada. Nos comuns processos de fusão ou de cisão, os obrigacionistas das sociedades em causa, reunidos em assembleia de obrigacionistas, têm que aprovar a operação através de deliberação tomada por maioria absoluta. Caso não o façam, terão que exercer colectivamente o direito de oposição judicial, com fundamento em prejuízo para a realização dos respectivos direitos. Nas sociedades de titularização, a tutela conferida aos obrigacionistas é significativamente mais forte, fazendo o Regime prevalecer os interesses destes sobre os dos accionistas. Com efeito, a concretização de alguma das referidas operações depende de concessão de autorização pelos obrigacionistas cuja recusa não tem que ser fundamentada no risco de ocorrência dos aludidos prejuízos – ou em qualquer outra motivação – nem apreciada pelos tribunais.

A autorização parece ter que ser concedida por tantas assembleias de obrigacionistas quantas as emissões de obrigações vivas, de acordo com a regra geral do n.º 1 do art. 355.º do CSC. Não parece, no entanto – e ao contrário do que resulta daquele regime geral (art. 355.º, n.º 7 do CSC) que a deliberação de autorização dos titulares de obrigações de uma mesma emissão possa ser tomada por maioria simples. Justificar-se-á sim a exigência de uma maioria absoluta para estes casos. Não obstante o regime geral da oposição judicial ceder perante o regime especial das sociedades de titularização, não se compreenderia que uma operação de fusão ou de cisão de uma sociedade deste tipo pudesse ser aprovada pelos obrigacionistas por uma maioria menos exigente que a prevista para os casos comuns.

3 – Também a **alienação de parte significativa do património** da sociedade está dependente de consentimento dos obrigacionistas – a prestar nos termos referidos na anotação anterior.

Considerando a exclusividade de objecto e o regime das sociedades de titularização, é de prever que os seus patrimónios sejam constituídos essencialmente por créditos, já que conhecem limitações na detenção de valores mobiliários – embora o Regime não estabeleça limitação para a aquisição e detenção de imóveis, ao contrário do que sucede em relação a outros tipos de sociedades financeiras. Assim, a alienação de património poderá envolver uma transmissão dos créditos detidos pela sociedade. Importará, por isso, não perder de vista as condições em que tal transmissão é admitida (vide anotação ao art. 41.º).

O conceito de parte significativa do património não é de aplicação simples. Conhece paralelo no Código dos Valores Mobiliários em matéria de limitação dos poderes da sociedade visada aquando do lançamento de oferta pública de aquisição (alínea b) do n.º 2 do art. 182.º do CVM), designadamente quanto aos contratos que visem a alienação de parcelas importantes do activo social.

4 – Por fim, igualmente as **aquisições de participações qualificadas** em sociedade de titularização carecem de consentimento dos obrigacionistas. Aqui, o Regime parece bastante rigoroso atenta a natureza financeira das sociedades de titularização e o consequente controlo da idoneidade e das garantias de gestão sã e prudente das entidades que tencionem passar a deter participações daquele tipo.

Número 2

5 – A norma parece redundante uma vez que na hipótese prevista não existem detentores de obrigações emitidas pela sociedade. Nunca se poderia, por isso, aplicar uma regra que visa tutelar potenciais conflitos de interesses entre accionistas e obrigacionistas.

Artigo 45.º
Isenções

O aumento do capital social das sociedades de titularização de créditos fica dispensado dos emolumentos referidos nas Portarias n.º 366/89, de 22 de Maio, e 883/89, de 13 de Outubro.

ANOTAÇÕES

Portaria n.º 996/98, de 25 de Novembro, rectificada através da Declaração n.º 22-A/98, de 2/12 (DR, I-B, Sup.) e alterada pela Portaria n.º 684/99, de 24 de Agosto.

Se pretenderem emitir obrigações não titularizadas ou titularizadas cuja notação de risco seja inferior a A, as sociedades devem possuir um capital social de montante pelo menos igual ao das emissões vivas das obrigações referidas, o que implicará a realização de aumentos do capital social de valores bastante elevados (vide anotação 2 ao art. 50.º).

A norma **isenta aumentos de capital** efectuados por sociedade de titularização – independentemente da finalidade a que se destinem – quer dos emolumentos devidos pelo registo comercial quer dos emolumentos devidos ao registo nacional de pessoas colectivas, previstos, pela ordem, nos arts. 1.º e 23.º da Tabela de emolumentos do registo comercial e no art. 3.º da Tabela de emolumentos do registo nacional de pessoas colectivas (esta estende, ela própria, as isenções emolumentares do registo comercial aos factos sujeitos a inscrição no RNPC – art 12.º).

Note-se que a isenção se limita a abranger as mencionadas isenções e não outros emolumentos como os devidos aos notários pela celebração da escritura pública de aumento do capital nem quaisquer obrigações tributárias.

SECÇÃO II
Emissão de obrigações

Artigo 46.º
Requisitos gerais

1 – Sem prejuízo do disposto na alínea b) do n.º 3 do artigo 43.º, as sociedades de titularização de créditos podem emitir obrigações de qualquer espécie nas condições previstas na lei e, bem assim, obrigações titularizadas nos termos do presente capítulo.

2 – As obrigações emitidas podem ser de diferentes categorias, designadamente quanto às garantias estabelecidas a favor dos credores obrigacionistas.

3 – As emissões de obrigações, incluindo de obrigações titularizadas, ficam sujeitas a registo prévio na CMVM, ainda que efectuadas por recurso a subscrição particular, nos seguintes casos:
   a) Quando emitidas por sociedade de titularização de créditos cuja lei pessoal seja a lei portuguesa, mesmo que os actos de divulgação da oferta não se dirijam ao mercado nacional;
   b) Quando emitidas no mercado nacional por sociedade de titularização de créditos sujeita a lei pessoal estrangeira.

4 – As emissões de obrigações, incluindo de obrigações titularizadas, por sociedade de titularização de créditos não ficam sujeitas a registo comercial, devendo a CMVM enviar à conservatória do registo comercial competente, para depósito oficioso na pasta da sociedade, declaração comprovativa do registo da emissão na CMVM.

5 – O pedido de registo de oferta pública de subscrição de obrigações emitidas por sociedade de titularização de créditos deve ser instruído com relatório de notação de risco cujo conteúdo deverá observar, com as devidas adaptações, o disposto no n.º 4 do artigo 27.º.

ANOTAÇÕES

Remissões para outras normas:
N.º 1: Arts. 348.º a 372.º-B do Código das Sociedades Comerciais. Art. 43.º, n.º 3, alínea b).
N.º 3: Arts. 108.º e 114.º do Código dos Valores Mobiliários. Art. 4.º e Anexo II, Esquema D, do Regulamento da CMVM n.º 10/2000, de 23 de Fevereiro.
N.º 4: Art. 3.º, n.º 2 do Código do Registo Comercial.
N.º 5: Art. 27.º, n.º 4.

Número 1

1 – A **emissão de obrigações** por sociedades de titularização de créditos rege-se, no geral, pelo regime comum aplicável às emissões daqueles valores mobiliários, designadamente pelo Código das Sociedades Comerciais.

Podem ainda emitir obrigações titularizadas, previstas no Regime, sendo as únicas sociedades que podem emitir este tipo de obrigações.

Número 3

2 – As emissões de obrigações, titularizadas ou não, com recurso a subscrição pública ficam, nos termos gerais (art. 114.º do Código dos Valores Mobiliários), sujeitas a **registo prévio na CMVM**.

Ao contrário da generalidade das emissões particulares de valores mobiliários – sujeitas a mera comunicação subsequente à CMVM, para efeitos estatísticos (art. 110.º, n.º 2 do Código dos Valores Mobiliários) –, as emissões de obrigações por sociedade de titularização através de subscrição particular ficam sujeitas a prévio controlo de legalidade pela CMVM. O pedido de registo prévio da emissão particular deve ser instruído com os documentos previstos nas alíneas a) a i) do número 1 do art. 115.º do Código dos Valores Mobiliários, conforme resulta do art. 4.º do Regulamento da CMVM n.º 10/2000. Não é exigível a elaboração de prospecto.

Note-se que, ao contrário do que resulta do regime geral (art. 108.º, n.º 1 do Código dos Valores Mobiliários), as emissões de obrigações por sociedades de titularização – cuja lei pessoal seja a lei portuguesa –, que sejam emitidas com recurso a subscrição pública ou por subscrição particular, sejam titularizadas ou de qualquer outro tipo, ficam sujeitas a registo prévio na CMVM ainda que a emissão não se destine a ser colocada no mercado nacional. Contudo, entendemos que ao registo prévio na CMVM de oferta pública de subscrição não dirigida especificamente ao mercado nacional devem ser aplicadas as regras sobre a instrução de emissões particulares – sem prejuízo de a CMVM poder solicitar os documentos que entender convenientes sobre a subscrição pública em mercado estrangeiro.

Ao conteúdo do prospecto de oferta pública de subscrição de obrigações titularizadas é aplicável o Esquema D do Anexo II ao Regulamento da CMVM n.º 10/2000. Podem-se encontrar algumas diferenças em relação aos prospectos de fundos de titularização de créditos como por exemplo a responsabilidade das entidades cedentes ou a necessidade de reproduzir no prospecto, integralmente, o relatório de notação de risco (2.3.4. do citado Esquema D).

Igualmente sujeitas a registo prévio na CMVM ficam todas as emissões de obrigações dirigidas ao mercado nacional por sociedade cujo objecto compreenda a actividade de *securitização* de créditos. Apenas, no entanto, se a lei pessoal da sociedade em causa for estrangeira.

Número 4

3 – A emissão de obrigações, titularizadas ou de outro tipo, destinadas ao mercado nacional ou a mercado estrangeiro, não está sujeita a **registo comercial**. É esta eliminação de um duplo controlo de legalidade – pela CMVM e pela conservatória de registo comercial competente – e sua substituição por um sistema de controlo exclusivo pela CMVM que permite melhor compreender a *ratio* subjacente ao desvio, para as obrigações emitidas por sociedades de titularização, ao princípio consagrado no número 1 do art. 108.º do Código dos Valores Mobiliários – a aplicabilidade da lei portuguesa às ofertas públicas dirigidas ao mercado nacional. A publicidade registral é assegurada pelo depósito oficioso na pasta da sociedade, pela conservatória competente, da declaração comprovativa do registo da emissão pela CMVM. Este envio, entendemos, deverá ser subsequente ao conhecimento, pela CMVM, dos resultados da oferta (art. 127.º, n.º 1 do Código dos Valores Mobiliários).

O escopo de eliminação do sistema de duplo controlo de legalidade encontra-se igualmente presente, embora com adopção de solução diferente – de controlo misto –, para as emissões de *warrants* autónomos sobre valores mobiliários próprios (art. 3.º, n.º 1, alínea v) e n.º 2 do Código do Registo Comercial, na redacção que lhe foi dada pelo art. 18.º do Decreto-Lei n.º 172/99, de 20 de Maio).

Número 5

4 – A elaboração de **relatório de notação de risco**, com conteúdo semelhante ao exigido para as ofertas públicas de unidades de titularização, é exigida para as emissões com recurso a subscrição pública de obrigações, titularizadas ou não, por sociedade de titularização.

Artigo 47.º
Obrigações titularizadas

1 – As sociedades de titularização de créditos podem emitir obrigações cujo reembolso seja garantido por créditos que lhe estão exclusivamente afectos, designadas "obrigações titularizadas".

2 – Na emissão de obrigações titularizadas, a sociedade de titularização de créditos afecta uma parte dos créditos por ela adquiridos na medida que se revele necessária ao reembolso do capital e respectivos juros.

ANOTAÇÕES

Número 1

1 – A principal característica das sociedades de titularização consiste na possibilidade de emissão de uma determinada espécie de obrigações à qual é aplicável um regime de especial protecção dos credores obrigacionistas – as **obrigações titularizadas**. Só as sociedades de titularização as podem emitir.

Esta espécie de obrigações diferencia-se das demais pela circunstância de uma parte do património da sociedade – parcela exclusivamente constituída por créditos, pelos rendimentos desses créditos e, admite-se, pelas aplicações permitidas desses rendimentos – não responder por nenhumas outras responsabilidades da sociedade que não as emergentes da emissão de obrigações titularizadas a que se encontrem afectos. Esta afectação é alicerçada no aludido regime legal especial. À semelhança das demais emissões, responde ainda pelas dívidas emergentes das emissões, nos termos gerais, a globalidade do património da sociedade – sem prejuízo de outras parcelas que se encontrem afectas a distintas emissões de obrigações titularizadas.

Número 2

2 – A parte do património a afectar terá que se revelar adequada ao pagamento das responsabilidades emergentes da emissão de obrigações em causa. Terá que se garantir a **adequação entre os fluxos financeiros** com origem nos créditos esperados e os previsíveis encargos do empréstimo obrigacionista. Os prazos dos créditos, as condições de juros, as faculdades de reembolso antecipado e, naturalmente, os próprios montantes devem ser tomados em consideração. Tem-se aqui presente uma preocupação semelhante à que justifica a exigência de um plano financeiro previsional em relação aos fundos de titularização. Subjacente à titularização encontra-se sempre a transmissão dos rendimentos provenientes dos créditos para os detentores dos valores mobiliários emitidos pelo veículo de titularização.

A verificação de uma suficiente adequação entre os fluxos financeiros dos créditos e os das obrigações reveste maior relevância nas situações em que as emissões não são objecto de notação de risco. Se tiver sido elaborado relatório de notação – como muito provavelmente acontecerá – aquela adequação constituirá condição necessária para a atribuição de uma classificação de *rating*.

Artigo 48.º
Princípio da segregação

1 – Os créditos que sejam afectos ao reembolso de obrigações titularizadas devem ser identificados sob forma codificada nos documentos da emissão e passam a constituir um património autónomo, não respondendo por outras dívidas da sociedade de titularização de créditos até reembolso integral dos montantes devidos aos credores obrigacionistas da emissão designada.

2 – A sociedade de titularização de créditos tem o direito ao remanescente do património autónomo afecto ao pagamento de cada emissão de obrigações titularizadas, logo que cada emissão seja integralmente reembolsada.

3 – Na execução movida contra a sociedade de titularização de créditos, o credor apenas pode penhorar o direito ao remanescente de cada património separado se provar a insuficiência dos restantes bens da sociedade.

4 – A chave do código a que alude o n.º 1 fica depositada na CMVM.

ANOTAÇÕES

Remissões para outras normas:
　　N.º 4: N.º 1. Art. 51.º, alínea c). Arts. 48.º e 49.º do Regulamento da CMVM n.º 10/2000, de 23 de Fevereiro.

Número 1

1 – O conjunto de créditos que sejam afectos, pela sociedade, a uma determinada emissão de obrigações titularizadas passa a constituir um verdadeiro **património autónomo**. Assim, enquanto a emissão em causa não for integralmente reembolsada, os créditos que façam parte do património autónomo afecto à emissão não podem responder por nenhumas outras dívidas da sociedade. Não podem, igualmente, ser objecto de transmissão.

Este princípio da separação patrimonial, entendemos, estende a sua tutela às situações de falência da sociedade, conferindo uma tutela acrescida aos detentores de obrigações titularizadas – ao contrário do que sucede em relação aos detentores de outras espécies de obrigações que serão tratados como credores comuns.

Nada parece obstar a que uma emissão de obrigações titularizadas tenha subjacente um conjunto de créditos futuros. Estes integrar-se-ão no património autónomo à medida que se forem constituindo.

Número 2

2 – Se, após completo reembolso da emissão de obrigações titularizadas, o conjunto de créditos integrantes do património autónomo – ou dos seus frutos, aqui se podendo incluir, v.g., os valores mobiliários acessóriamente adquiridos com os rendimentos provenientes dos créditos e os próprios rendimentos destas aplicações de liquidez, o que implica a adopção de regras contabilisticas que garantam a separação patrimonial – se revelar excedentário, este **excedente reverte para a sociedade**, passando a responder pela generalidade das suas responsabilides.

Na situação inversa, ou seja, quando o património autónomo se revelar insuficiente para garantir o pagamento de todas as responsabilidades emergentes da emissão das obrigações titularizadas, os detentores das obrigações poderão fazer-se valer do património da sociedade para se verem ressarcidos. Em circunstâncias normais é muito pouco provável que se verifiquem situações de insuficiência do património afecto.

Número 3

3 – O credor exequente da sociedade de titularização – v.g., um titular de obrigações comuns emitidas pela sociedade – não poderá proceder à **penhora dos créditos** que pertençam a património autónomo afecto a emissão de obrigações titularizadas. Terá que aguardar a eventual integração daqueles bens no património da sociedade após o completo reembolso da emissão de obrigações e a verificação de um excedente do património separado. Só poderá aguardar se demonstrar, na acção executiva, que o património comum da sociedade não é suficiente para o integral cumprimento da dívida – prova que poderá apresentar dificuldades, atenta a natureza dos bens que quase exclusivamente compõem o património social.

Número 4

4 – Os créditos que compõem o património afecto à emissão das obrigações titularizadas não são conhecidos pelos subscritores das obrigações. Estes apenas recebem informação, de forma agregada, sobre as suas caracteristícas. Assim, os créditos são meramente identificados, nas contas de registo individualizado das obrigações ou nos títulos, através de um **código** alfa-numérico. A chave deste código é depositada na CMVM. Esta chave terá que conter elementos completos que permitam a identificação dos créditos, como a identidade do devedor e do cedente, a indicação do facto do qual o crédito emergiu, o montante, prazo e demais termos. O acesso à chave do código não é permitida a um mero detentor de obrigações nem reservada para o representante comum dos obrigacionistas. É permitido àqueles que detenham, individual ou conjuntamente, obrigações representativas de percentagem igual ou superior a 10% da totali-

dade da emissão. Apenas, no entanto, nos casos em que se se verifique alguma situação de não cumprimento do empréstimo obrigacionista, quer quanto ao pagamento de juros quer quanto ao reembolso de capital.

5 – Repare-se que uma eventual situação de incumprimento do empréstimo obrigacionista anda normalmente associada a uma insuficiência dos rendimentos provenientes dos créditos para pagamento das responsabilidades para com os detentores dos valores que neles se fundam. Não é, por isso, certo que os credores obrigacionistas consigam alcançar resultados não obtidos pela sociedade de titularização ou pelo gestor dos créditos quanto á respectiva cobrança. Poderão, deste modo, ter mais interesse em penhorar créditos afectos a outras emissões de obrigações – não titularizadas – ou, mais provavelmente, outros bens que integrem o património comum da sociedade – v.g., os fundos próprios mínimos exigidos à sociedade.

6 – Anote-se, por último, que a revelação da **identidade dos devedores** que sejam consumidores de serviços financeiros – que tenham recorrido a crédito bancário, v.g. – não poderá deixar de ser rodeada de enormes cautelas, designadamente das garantias de não divulgação das identidades e da utilização da informação obtida para fins exclusivos de ressarcimento dos direitos de crédito sobre a sociedade dos credores obrigacionistas. A circunstância da cessão do crédito do banco, v.g., para a sociedade de titularização poderá introduzir perturbações adicionais na chegada do credor obrigacionista perante o devedor. Refira-se que estas questões se poderiam colocar, embora em situações extremas, em relação a instituições de crédito que não tivessem procedido à cessão de créditos.

Artigo 49.º
Garantias dos credores obrigacionistas

1 – Os titulares de obrigações titularizadas gozam de privilégio creditório especial sobre os créditos afectos à respectiva emissão, com precedência sobre quaisquer outros credores.

2 – O privilégio referido no número anterior não está sujeito a inscrição em registo.

ANOTAÇÕES

Remissões para outras normas:
    N.º 1: Arts. 733.º, 734.º, 735.º, n.º 2, 745.º, n.º 2, 746.º, 747.º, 750.º, 751.º, 752.º e 753.º do Código Civil. Art. 6.º do Decreto-Lei n.º 125/90, de 16 de Abril.
    N.º 2: Art. 733.º do Código Civil.

Número 1

1 – O Regime consagra, a favor dos detentores de obrigações titularizadas, um **privilégio creditório especial** sobre os créditos que integram o património autónomo afecto à emissão – o que se poderia ter dispensado de estabelecer atenta a natureza autónoma do património sobre o qual incide o privilégio especial.

Nada dizendo o Regime sobre a graduação do privilégio creditório atribuído, este deverá, em nosso entender, graduar-se depois dos privilégios creditórios por despesas de justiça e depois dos privilégios mobiliários especiais referidos nas alíneas a), d) e e) do n.º 1 do art. 747.º do Código Civil. Entre os próprios detentores das obrigações titularizadas de uma mesma emissão, proceder-se-á a rateio na proporção dos montantes dos créditos de que sejam titulares – em princípio, da quantidade de obrigações detidas.

Em relação a direitos de terceiros, designadamente de garantia – v.g., penhor –, o privilégio creditório dos obrigacionistas apenas prevalece se se tiver constituído em momento anterior ao do direito de terceiro. Em princípio, o impedimento de ceder para titularização créditos onerados bem como a impenhorabilidade, por terceiro, dos créditos afectos a emissão de obrigações titularizadas obstariam, por si só, ao surgimento de situações em que os obrigacionistas tivessem de confrontar o seu privilégio creditório com um direito de garantia de terceiro. Não seria assim se a própria sociedade desse em garantia créditos que viesse a afectar a emissão de obrigações titularizadas no âmbito, v.g., do pagamento dos próprios créditos aos cedentes – já que as sociedades de titularização não podem contrair empréstimos.

2 – Ao contrário do que sucede para as obrigações hipotecárias, nas obrigações titularizadas não se estabelece nenhuma prevalência das **hipotecas que garantam os créditos titularizados** – e que com eles sejam transmitidas – sobre quaisquer privilégios imobiliários. Vale, por isso, a regra geral da prevalência destes últimos sobre aquelas, ainda que a constituição das primeiras seja anterior.

Número 2

3 – Os privilégios creditórios não estão sujeitos a **registo**.

Artigo 50.º
Limites de emissão

As emissões de obrigações titularizadas cuja notação de risco, efectuada nos termos do n.º 4 do art. 27.º, seja A ou equivalente não estão sujeitas aos limites estabelecidos no artigo 349.º do Código das Sociedades Comerciais.

ANOTAÇÕES

Remissões para outras normas:
Arts. 348.º e 349.º do Código das Sociedades Comerciais. Aviso do Banco de Portugal n.º 1/2000, de 11/7 (DR, I-B, de 19/7). Portaria n.º 974/90, de 11 de Outubro.

1 – À emissão de obrigações por sociedade de titularização, sejam titularizadas ou de outra espécie, aplica-se, em princípio, o **limite** geral estabelecido no Código das Sociedades Comerciais para a emissão de obrigações por sociedades anónimas – a importância do capital realizado e existente.

Porém, tratando-se de obrigações titularizadas objecto de relatório de notação de risco que lhes tenha conferido a classificação A ou equivalente, aquele limite não é aplicável.

À emissão destas obrigações é apenas aplicável o limite prudencial constante de regulamento do Banco de Portugal. Com efeito, os fundos próprios da sociedade não poderão ser inferiores a 10% das obrigações titularizadas de classificação A ou equivalente emitidas. Se aquelas obrigações tiverem sido emitidas por subscrição particular e o respectivo valor nominal não for inferior a 100 000 contos o nível mínimo obrigatório dos fundos próprios desce para 5% do montante de obrigações emitidas ainda não amortizadas.

2 – A **aplicação do limite geral** torna bastante onerosa a montagem de operações de titularização de créditos através de sociedade de titularização. Com efeito, a sociedade – que apenas se pode dedicar à montagem de operações de titularização – precisará de ter capitais próprios de montante semelhante ao das operações de titularização que efectue. Assim, com os rendimentos provenientes dos créditos teria que remunerar simultaneamente capitais próprios e capitais alheios. Por outro lado, teriam uma enorme relevância as reservas de liquidez que teriam de ser aplicadas pela sociedade. Este quadro, sendo pouco provável – embora possível –, na generalidade dos casos, que conduza à realização de operações de titularização em que a aquisição dos créditos é financiada com capitais próprios conduzirá, mais provavelmente, à utilização destes veículos societários para a montagem de operações em que às obrigações a emitir seja conferida a máxima classificação de notação de risco. Parece ser apenas neste domínio que se verificam condições de competitividade para a realização de operações por veículo societário.

3 – Ter-se-ia justificado, à semelhança da solução que vigora para alguns tipos de instituições de crédito – sociedades de investimento, sociedades de *factoring* e sociedades financeiras para aquisições a crédito –, afastar a aplicabilidade do limite geral de emissão de obrigações consagrado no Código das Sociedades Comerciais. A sujeição a supervisão e a natureza específica das operações tê-lo-ia justificado.

4 – Porque se encontram sujeitas à supervisão do Banco de Portugal, as sociedades de titularização poderão emitir obrigações nos **dois primeiros anos**. Nestes, porém, os limites para as emissões reduzem-se a metade do montante referido na anotação 1 – metade da importância do capital realizado e existente.

Artigo 51.º

Regulamentação

A CMVM pode estabelecer, por regulamento:
a) **Regras sobre o registo de ofertas de valores mobiliários por sociedades de titularização de créditos;**
b) **Regras relativas à utilização de instrumentos financeiros derivados por sociedades de titularização de créditos;**
c) **As condições em que os credores obrigacionistas, em caso de incumprimento, podem ter acesso à chave do código a que alude o n.º 4 do artigo 48.º.**

ANOTAÇÕES

Remissões para outras normas:
  Alínea a): Art. 4.º e Esquema D do Anexo II do Regulamento da CMVM n.º 10/2000, de 23 de Fevereiro. Art. 46.º, n.º 3.
  Alínea b): Art. 43.º, n.º 2, alínea a).
  Alínea c): Art. 48.º, n.ºs 1 e 4. Arts. 48.º e 49.º do Regulamento da CMVM n.º 10/2000, de 23 de Fevereiro.

Alínea a)

1 – Não há regras específicas sobre a emissão pública de **acções** por sociedades de titularização. A oferta pública de subscrição de acções representativas do capital de sociedades de titularização segue assim o regime geral embora o respectivo prospecto deva conter informação sobre a particular natureza da emitente e a sua actividade.

Há regras específicas para a emissão particular de **obrigações**, revistam ou não a modalidade de obrigações titularizadas. Estas regras específicas são comuns para todas as emissões particulares de obrigações – titularizadas, com ou sem notação de risco atribuída, e clássicas. Em relação a emissões públicas, as regras específicas existentes – conteúdo do prospecto – são apenas aplicáveis às emissões titularizadas. As demais, tal como as acções, seguem o regime geral.

Alínea b)

2 – A CMVM não regulamentou as condições em que as sociedades podem utilizar instrumentos financeiros derivados para a cobertura de riscos.

Alínea c)

3 – Vide anotação 4 ao artigo 48.º.

CAPÍTULO IV
DISPOSIÇÕES FINAIS

Artigo 52.º
Actividade de intermediação em valores mobiliários

A criação e administração de fundos de titularização de créditos considera-se actividade de intermediação em valores mobiliários, quando exercida a título profissional.

ANOTAÇÕES

Remissões para outras normas:
Art. 295.º, n.º 1, alínea b) do Código dos Valores Mobiliários.

1 – A norma pressupõe que os fundos de titularização de créditos não são considerados instituições de investimento colectivo. Se fossem considerados como tal, a qualificação da actividade de gestão de fundos de titularização como **actividade de intermediação financeira** – susceptível apenas de ser exercida a título profissional por intermediários financeiros – resultaria do próprio Código dos Valores Mobiliários (arts. 289.º, n.º 1, alínea c) e 293.º, n.º 1, alínea b)). Esse mesmo pressuposto – a não recondução dos fundos de titularização ao conceito de instituições de investimento colectivo – impediria a qualificação das unidades de titularização como valores mobiliários (art. 1.º, n.º 1, alínea d) do CVM). No entanto, o art. 32.º, n.º 1 não deixa a esse respeito margem para dúvidas.

2 – A actividade de gestão de fundos de titularização só pode ser exercida após concessão do **registo** prévio **pela CMVM.**

ANEXOS

PORTARIA Nº 284/2000
de 23 de Maio

Considerando que o regime jurídico da titularização de créditos, aprovado pelo Decreto-Lei n.º 453/99, de 5 de Novembro, expressamente qualifica as sociedades gestoras de fundos de titularização de créditos e as sociedades de titularização de créditos como sociedades financeiras;

Considerando o disposto na Portaria n.º 95/94, de 9 de Fevereiro, relativa ao montante de capital social mínimo aplicável às sociedades financeiras;

Ouvidos o Banco de Portugal e a Comissão do Mercado de Valores Mobiliários;

Manda o Governo, pelo Ministro das Finanças, ao abrigo do disposto no n.º 1 do artigo 95.º e no n.º 1 do artigo 196.º, ambos do Regime Geral das Instituições de Crédito e Sociedades Financeiras, aprovado pelo Decreto-Lei n.º 298/92, de 31 de Dezembro, o seguinte:

1.º As sociedades gestoras de fundos de titularização de créditos devem possuir um capital social de montante não inferior a 750 000 euros.

2.º As sociedades de titularização de créditos devem possuir um capital social de montante não inferior a 2 500 000 euros.

3.º A presente portaria entra imediatamente em vigor.

O Ministro das Finanças, *Joaquim Augusto Nunes Pina Moura*, em 12 de Abril de 2000.

BANCO DE PORTUGAL

Aviso do Banco de Portugal n.º 1/2000*

O artigo 50.º do Decreto-Lei n.º 453/99, de 5 de Novembro, isenta dos limites estabelecidos no artigo 349.º do Código das Sociedades Comerciais as emissões de obrigações titularizadas cuja notação de risco, efectuada nos termos do n.º 4 do artigo 27.º, seja A ou equivalente.

Tornando-se necessário, por motivos de ordem prudencial, o estabelecimento de uma relação entre os fundos próprios das sociedades emitentes e o montante das emissões de obrigações titularizadas que estejam nas condições do referido artigo 50.º do Decreto-Lei nº 453/99, o Banco de Portugal, ao abrigo dos artigos 99.º e 196.º do Regime Geral das Instituições de Crédito e Sociedades Financeiras, aprovado pelo decreto-Lei nº 298/92, de 31 de Dezembro, determina o seguinte:

1.º Os fundos próprios das sociedades de titularização de créditos não podem ser inferiores às seguintes percentagens do montante total das emissões de obrigações titularizadas que estejam nas condições previstas no artigo 50.º do Decreto-Lei nº 453/99, de 5 de Novembro:

a) 5%, se a sociedade emitir exclusivamente obrigações titularizadas por subscrição particular e com valor nominal mínimo de 100 000 contos;
b) 10% nos restantes casos.

2.º As sociedades de titularização de créditos que tenham emitido obrigações titularizadas com valor nominal inferior a 100 000 contos ficam sempre sujeitas à percentagem referida na alínea b) do número anterior.

3.º O presente aviso entra em vigor no dia imediato ao da sua publicação.

Lisboa, 11 de Julho de 2000. – o Governador, *Vítor Constâncio*.

---

* In DR, I-B, de 19/7/2000.

BANCO DE PORTUGAL

Aviso do Banco de Portugal nº 6/2000*

Considerando que as instituições de crédito e as sociedades financeiras, cedentes de créditos em operações de "titularização", que, no âmbito dessas operações, assumam compromissos ou recebam elementos do activo ou extrapatrimoniais devem possuir fundos próprios que sejam consistentes com os riscos assumidos.

O Banco de Portugal, no uso da competência que lhe é conferida pela alínea a) do artigo 99.º do Regime Geral das Instituições de Crédito e Sociedades Financeiras, determina o seguinte:

São aditados à parte I do anexo ao aviso n.º 1/93, publicado no *Diário da República*, 2.ª série, de 8 de Junho de 1993, os n.ºs 7 e 8, com a seguinte redacção:

" 7 – As instituições cedentes de créditos em operações de "titularização" que, no âmbito dessas operações, assumam compromissos ou recebam elementos do activo ou extrapatrimoniais devem considerar como requisitos de fundos próprios o valor a que estariam sujeitas caso mantivessem no seu património os créditos cedidos.

8 – Os requisitos de fundos próprios a que se refere o número anterior podem, porém, ter como limite máximo a soma do valor dos compromissos assumidos e dos elementos do activo e extrapatrimoniais recebidos pela instituição no âmbito da operação de "titularização" de que se trate.

Lisboa, 24 de Outubro de 2000. – O Governador, *Vítor Constâncio*.

---

* In DR, I-B, de 30/10/2000.

ÍNDICE

NOTA PRÉVIA	5
LISTA DE ABREVIATURAS UTILIZADAS	7
DECRETO-LEI Nº 453/99, de 5 de Novembro	9
CAPÍTULO I – **TITULARIZAÇÃO DE CRÉDITOS**	13
CAPÍTULO II – **FUNDOS DE TITULARIZAÇÃO DE CRÉDITOS**	37
SECÇÃO II – Sociedades gestoras	47
SECÇÃO III – Depositário	57
SECÇÃO IV – Constituição dos fundos de titularização e regulamento de gestão	65
SECÇÃO V – Unidades de titularização	74
SECÇÃO VI – Contas do fundo, informação e supervisão	82
SECÇÃO VII – Liquidação e partilha dos fundos	85
CAPÍTULO III – **SOCIEDADES DE TITULARIZAÇÃO DE CRÉDITOS**	89
SECÇÃO I – Das sociedades de titularização de créditos	89
SECÇÃO II – Emissão de obrigações	99
CAPÍTULO IV – **DISPOSIÇÕES FINAIS**	111
ANEXOS	113
PORTARIA Nº 284/2000, de 23 de Maio	115
BANCO DE PORTUGAL Aviso do Banco de Portugal n.º 1/2000	116
BANCO DE PORTUGAL Aviso do Banco de Portugal nº 6/2000	117